世界一
100人を
同時通訳して
わかった

The exponential results
formula extracted
from 100
world number ones

「最速」で結果を出す人の成功哲学

小熊弥生

光文社

はじめに　同時通訳の仕事を通じて知った世界一の英知

あなたはこんな経験ありますか？

What’s up?　と言われて上を見てしまった。

一生懸命英語で話したのに、「何言ってるのかさっぱりわからない」と言われてしまった。

ＴＯＥＩＣで９６０点取ったのに、映画の英語はさっぱり聞き取れない……。

実はこれ、全部私が経験したことなんです。

「What’s up?（調子はどう？）」と聞かれて「何か上にあるのかな？」と思って上を見てしまったのは高校生の頃でしたが、「何を言ってるのかさっぱりわからない」と言われ、映画の英語が聞き取れなくて悔しい思いをしたのは、意外にも英検１級、ＴＯＥＩＣで９６０点を取ってからのことでした――。

改めまして、本書を手に取ってくださった皆さん、ありがとうございます。

純国産同時通訳者の小熊弥生です。

この本では、これまで私が同時通訳の仕事をするなかで出会った「世界一」の方々の英知を紹介します。あなたが人類の宝ともいえる優れた方々の成功哲学を知り、身につけ、あなたらしい世界一への道を見つけていただくことがこの本の狙いです。

でも、「同時通訳者の小熊弥生がなぜ成功哲学の本を？」と不思議に思われる方もいらっしゃるのではないでしょうか。

この疑問に対する答えをお伝えします。

私の通訳者への道は、順風満帆というわけではありませんでした。私は、短大卒、ＴＯＥＩＣ２８０点、お金も時間もない状態から英語の道を目指しました。自分なりの英語学習の習慣を身につけ、猛勉強したところ、半年でＴＯＥＩＣ８００点を超え、３年で同時通訳になることができました。高度な語学力を駆使する同時通訳者といえば、帰国子女や留学経験者が多いのですが、私はそのどちらでもなく、日本で英語と通訳スキルを学んだので〝純国産〟です。

でも、冒頭で紹介したとおり、ＴＯＥＩＣで満点に近い点数を取っても、「本当の意味」での英会話はまったく理解できていませんでした。

ですから通訳として仕事をするようになってからも、スキルアップを目指して都内のほぼすべての通訳学校に通い勉強を続けてきたのですが、それだけやっても私のコンプレックスは変わりませんでした。ず～っと「自分はダメ」「できない」と思い続けていたのです。

でも、今から10年ほど前に、「ダメ」「できない」から「私はできる」「私は世界一の通訳！」と、脳のサーチエンジンに入力する言葉を変えたところ、大きく変わりました。うまく通訳ができて褒められたり、感謝されたりしたときの喜びと自信にあふれた自分に変わることができたのです。そして、ずっとやりたいと思っていた仕事の依頼が続くようになりました。

たとえば、各国の首脳が集まる国際会議や官邸の記者会見、世界的な著名人の同時通訳を任されるようになったのです。安倍晋三前首相、当時官房長官を務められていた菅義偉《よしひで》首相、細野豪志氏、国連事務総長のアントニオ・グテレス氏などの通訳もさせていただきました。

小泉進次郎環境大臣のような著名な政治家や、歌手・ダンサーの三浦大知さん、作家の浅田次郎さん、脳科学者の茂木健一郎さんといった文化人の通訳も務めさせていただきました。それ以前は、通信、エレクトロニクス、製薬会社など、さまざまな企業の会議や商談などに携わったことはありましたが、日本を代表するような立場の方々の通訳を務めるのには大変なプレッシャーがあると同時に、こういった方々の言葉を海外に伝えることに、大きなやりがいを感じました。

誰もが知る著名な方だけでも、100人以上は通訳させていただいてきました。その間、自分だけでは到底得られようもない知識や知恵に触れる機会に恵まれ、それを「私の頭の中だけに留めておくのはもったいない。もっと多くの方に知ってもらいたい」と考えるようになったのです。

「できない私」から「できる私」に自己アイデンティティが変わるだけで、通訳の依頼の量も質も報酬も大きく変わりました。初の出版が決まって以来計6冊、販売部数も14万部を超え、私の英語講座にもたくさんの受講生が集まるようになりました。さらにフジテレビの特番に出演する機会をオーディションで勝ち取り、またレギュラー番組にも半年間出演させていただきました。共演したマツコ・デラックスさんには「奇跡の人」と言われ、ある人気アナウンサーさんとは二人きりで表参道でランチまでご一緒させていただきました。

以前の私と、今の私、いったい何が違うのでしょうか？

それは世界の一流の方々の同時通訳を務めさせていただくなかで、成功哲学を学んだからです。

この成功哲学は、英語に限らずさまざまな分野で成功する秘訣です。

私は同時通訳者である一方、こうした成功体験をもとにした「速ペラリスイン」という英語速習法の指導者でもあります。２０１３年からスタートし、受講者は現在３０００人以上。２０２０年11月時点で１４０名の、小熊メソッドの認定講師が全国で活躍しています。

もう一つ、私がライフワークにしている英語プロジェクトがあります。それが、日本人の英語学習の妨げになっている英語コンプレックスの原因である思い込みを外し、短時間でリスニング力を伸ばすことを目指す「英語維新」という活動です。私が小熊メソッドの認定講師や英語維新アンバサダーの皆さんと一緒に全国各地で開催している「英語維新セミナー」には、小学生から英語指導者まで、２０１９年の１年だけでも1000人以上の方々に参加いただいています。

「英語維新」は、「グローバル時代に日本人だけが取り残されているのは江戸時代の鎖国と同じではないか？　今こそ英語を話せるようになり、自らを開国し、もっと世界に出ていこう。Let’s Make Japan Bilingual!」を合言葉に立ち上げたプロジェクトです。具体的には、英語のリスニング力を飛躍的に伸ばせる「速ペラリスイン」という学習法を体験していただきます。1回20分程度のレッスンですが、英語耳を作るコツがわかると、英語でコミュニケーションすることに積極的になれるのです。

私の英語講座の受講生でも、「私はできる」と入力して勉強を続けた人は、わずか半年で通訳デビューを果たす人がたくさんいます。実は、通訳講座の1期目の最初は多くの通訳学校のように、通訳テクニックを中心に教えていました。現場で活かせる実践的なトレーニングを行い、緊張やプレッシャーに負けない「マインドが大事」だということも伝えてはいたのですが、最初から「できる」「1回で全部覚えられる」と入力することは教えていませんでした。そのときは、ここまで短期間で伸びる人はいませんでした。

この本で紹介する世界一の方々は、分野や特徴も実にさまざまですが、それぞれ自分らしいやり方で成功をおさめています。

「世界一」というと、大それたことのように感じられるかもしれませんが、世界一の分野は誰もが知っているメジャーな分野である必要はありません。皆さんもよくご存じの「ギネスワールドレコーズ（Guinness World Records）」がありますが、この中には、実にさまざまなものが「世界一」として記録されています。思わず笑ってしまう珍記録から、びっくり仰天の大記録まで、ときどきテレビ番組などでも紹介されていますよね。

オリンピックの花形種目や世界的な音楽コンクール、ノーベル賞など、誰もが知っているようなメジャーな分野だろうが、誰も知らないニッチな分野だろうが、世界一は世界一です。つまり、誰もが自分らしいやり方で、自分だけの世界一を目指せばいいということです。

たとえば、英語指導者は世界中にたくさんいて、その世界一になるのは難しいと思います。

でも、小熊弥生のような1万回日本と世界をつないだ〝純国産〟同時通訳者が教えるとなると、ぐっと範囲は狭くなります。私は帰国子女でもないし、留学経験もない

〝純国産〟です。だからこそ、日本人が日本にいながら、仕事や家事育児もこなしながら短期間で使える英語を習得するコツを教えられるのです。さらに、スマホで学べて、１日20分で英語がペラペラになれる方法を教えている人はほかにいないので、「速ペラリスイン」で世界一を目指せるということです。

皆さんも、誰にも真似できない自分だけの世界一を目指してほしいし、実際にそれは可能なのです。

本書で紹介する世界一の方々の言葉や行動原則に触れて、あなたらしさの中にある宝物を見つけてください。そして、自信を持って英語を話し、世界の人々に、あなたと日本の魅力を伝えてください。

第1章 世界一への憧れを仕入れてレバレッジを効かせよう

第2章 世界一の成功者たちのここがすごい！

【1】ノーベル賞受賞者のここがすごい！

―――

【4】世界一のオタクはここがすごい!

第3章 憧れを最速で手に入れる「時間」と「お金」の使い方

第4章 心のブレーキの外し方

第1章

世界一への憧れを仕入れてレバレッジを効かせよう

世界一の成功哲学探究の始まり

「弥生ちゃん、ＴＥＤって知ってる？　ボランティアなんだけど、一緒に通訳やらない？」

２０１１年、通訳の友人にＴＥＤのことを聞くやいなや、私は衝撃を受けました。そして、友人の誘いに「やる！　絶対やる！」と二つ返事で答えていました。

今ではご存じの方も多いと思いますが、ＴＥＤはニューヨークに本部があるＬＬＣ（合同会社）で、毎年カナダのバンクーバーで、大規模な「ＴＥＤカンファレンス」を主催しています。１９８４年に始まったばかりの頃は身内のサロン的集まりだったそうですが、２００６年から講演会ＴＥＤトークの動画をインターネット上で無料配信するようになり、世界中で知られるようになりました。

ノーベル生理学・医学賞受賞者のジェームズ・ワトソンや、元アメリカ合衆国大統領のビル・クリントン、私も通訳させていただいたウィキペディアの共同創設者のジミー・ウェールズ、ミュージシャンのボノやイギリスの食文化を変えた料理人のジェイミー・オリバーなど、数々の著名人たちが登壇しています。ただ、ＴＥＤに登壇する条件は、有名かどうかよりも、プレゼンテーションの中身です。「広める価値があるアイデア」であると認められさえすれば一般の人でも登壇することができ、ＴＥＤによる事前コーチングを受けたうえで全世界に向けてプレゼンテーションを行うことができます。

　世界各地でＴＥＤｘ（テデックス）というエクステンション・イベントが開催されていて、日本でも、２００９年に最初のＴＥＤｘＴｏｋｙｏ（テデックス・トーキョー）が開催されて以来、全国の主要都市や大学などでたくさんのＴＥＤｘが開催されています。このＴＥＤｘには、通訳や字幕作成のために、世界中で2万人を超えるボランティアが関わっていて、２０２０年現在、世界１００言語以上に対応しています。

　でも、私が友人から誘いを受けた２０１１年当時は、まだＴＥＤｘＴｏｋｙｏでは通訳や字幕作成の体制が整っていませんでした。前年までの状況を聞いたところ、通訳が揃わないばかりか、設備も不十分で通訳ブースに音が入らなくて「音が入ってきません」という声が録音され、そのままＹｏｕＴｕｂｅに公開されているような状態でした。当時ＴＥＤｘＴｏｋｙｏのプレゼンテーションはほとんど英語で行われていたのですが、通訳も字幕もまともにできていなくて、せっかくの「広める価値があるアイデア」の中身が多くの人に伝わっていなかったのです。

「このすばらしい内容がちゃんと伝わりきらないなんてもったいない！　もっと多くの人に伝わってほしい」という思いから、もっと伝わる通訳チーム形成という私たちの挑戦が始まりました。

ＴＥＤｘＴｏｋｙｏの主催者からの呼びかけで手を挙げた通訳は全員ボランティア。上手な人（プロ）と初心者（英語はそこそこできるけど通訳は未経験）の差が大きい凸凹集団でした。そこで私と友人が通訳リーダーになり、通訳仲間に声をかけてチームをつくり、一番効率良く通訳できる方法を考えました。

やっていくうちにわかってきたのは、ＴＥＤｘはきちんと準備をすれば、通訳経験がなくてもなんとかなるということです。

ＴＥＤｘではスピーカー・トレーニングがあり、何度かリハーサルをするので、通訳者もその場に同席して、内容を理解しながら同時通訳の練習ができます。そこで、プロが実地で要領を教えれば、初心者でも同時通訳が可能なのです。

ボランティアは、通訳経験者のコアメンバー5〜6人と、そのほか大学生や主婦などで構成されていたので、ベテランと初心者のバランスを考えてチーム編成を組みました。とにかく、いろいろな方に同時通訳を体験してもらうことを目指し、初心者が難しい内容に当たってしまった場合は、私や他のベテラン通訳者がフォローすることにしました。

最初は凸凹集団だった通訳チームが、本番までにしっかりと伝えきる集団になっていく、それを仲間と一緒につくり上げていくのは最高の経験でした。毎回新しい登壇者や面白いアイデアに出会えることも新鮮でした。当時、ＴＥＤｘＴｏｋｙｏは年に１～２回開催されていたのですが、通訳仲間の友人たちと熱中して楽しんでいました。この経験がきっかけで、通訳技術を人に教える要領がつかめましたし、私自身ＴＥＤｘＴｏｋｙｏ２０１２で登壇することにもなりました。

すでに政財界のさまざまな要人の同時通訳をさせていただいていましたが、自分にしかできないこと、自分にしか提言できないことを多くの人に伝えようとするＴＥＤスピーカーたちは、エネルギーもモチベーションも高く、彼らの通訳をさせていただくことで新たな刺激を受けました。

今思えばこの経験が成功哲学を探究する旅の始まりでした。

CSV＝共有価値の創造は、商人道「三方よし」のグローバル版

「世のため、他人《ひと》のために自分を活かすのはご立派だけど、それで生活していけるの？」そんなふうに言われることもあります。また、経営者の方なら、「そんな甘っちょろいこと言ってたら従業員を食わせていけないよ」と思われるかもしれません。

確かに、20世紀までの世界は勝つか負けるか、食うか食われるかの競争社会を勝ち抜くことがビジネスの鉄則だったと思います。もっとも、日本では近世に近江《おうみ》商人の「三方よし（買い手よし、売り手よし、世間よし）」という考え方が広まっており、弱肉強食の熾烈な競争社会ではなかったと言われています。それが、明治以降の近代化や資本主義経済の発展に伴い、自社の利益を追求することが企業の至上命題になってきたわけです。

でも、時代は変わり、21世紀は「社会との共存共栄」をベースに考えないとビジネスもうまくいかなくなってきています。

私がこのような考え方に触れるきっかけとなったのが、イースクエアという会社の

通訳の仕事でした。ＣＳＲ＝企業の社会的責任遂行をサポートするコンサルティング会社です。２０１０年頃からずっと一緒にお仕事をさせていただきました。

そして、この10年ほどで、かつては「建前」だったＣＳＲが、本業のビジネスと不可分の実質的なものになってきていることを実感するようになりました。

このような変化のきっかけとなったのが、アメリカの経営学者のマイケル・ポーター氏とマーク・クレマー氏が提唱したＣＳＶ（Creating Shared Value：共有価値の創造）という考え方です。企業が地域や環境への責任を積極的に果たす＝ＣＳＶを経営やマーケティング活動で実践することが競争力の源泉になるという考え方です。

かつては、企業の社会貢献活動は、どちらかというと「守り」の位置づけでした。でも、21世紀の今日では、ＣＳＶは、「攻め」の戦略に位置づけられます。本業を通じて社会課題を解決していくことで、社会貢献と企業利益を両立する、それがＣＳＶの重要なポイントになります。これは、「世のため、他人のため」と「自分のため」を両立させるビジネス・モデルと言ってもいいものです。

私は、ＣＳＶは、近江商人の「三方よし」のグローバル・バージョンと考えています。

実は、マーク・クレマー氏を訪問した際も通訳を務めさせていただいたのですが、参加企業から「CSVとは近江商人の『三方よし』と同じ考え方だ」という意見が出て、クレマー氏にはなかなか賛同いただけませんでした。欧米の方には、近代化以前の日本の商習慣と、今日のグローバルに展開する資本主義社会における価値を同列に考えるのが難しいのかもしれません。でも、私を含めてその会場にいた日本人の多くが「三方よし」に共感していたと感じました。

そして、数多くの世界の一流の方々を通訳した経験によってわかったことは、「世界一」になるような人というのはCSVを体現しているということです。自らが心から欲することが世のため他人のためになっているし、世のため他人のためになることが自らの幸せになっているのです。

世のため他人のためが自分のためになる

では、CSVをどうやって自分の生き方や仕事に落とし込んでいったらいいでしょうか。

そのヒントとなるのが２０１５年の国連サミットで採択されたＳＤＧｓ（持続可能な開発目標）です。ＳＤＧｓの認知度アップに貢献したのがスウェーデンのデザイナー、ヤーコブ・トロールベック氏です。

私は、２０１９年にスウェーデンのＳＤＧｓツアーにも参加し、その後イースクエアでご一緒したＣＳＲのコンサルタントのご縁で、トロールベック氏の通訳の依頼をいただいたのです。

ヤーコブ・トロールベック氏からＳＤＧｓのロゴマークのデザインを依頼されたときの話を聞いて鳥肌が立ちました。

「70億人の命を救えるか否か、君のデザインにかかっている」

トロールベック氏はそう言われて依頼を受けたそうです。ふつうの人なら責任の重大さに恐れおののくのではないでしょうか。

当初、ＳＤＧｓの17のゴールの説明は、一つひとつが長くてわかりにくく、一度読んだだけではスムースに理解できないようなものだったそうです。彼は、それを短く端的に理解できる標語とイラストに変えたのです。

たとえば、17のゴールの2番目「飢餓をゼロにZero Hunger」も、最初はナイフとフォークの絵だったそうですが、世界中の誰もがナイフとフォークを使って食事をするのではないことを考慮して、今の食器の絵に変えたそうです。

また、14番目の「海の豊かさを守ろうLife Below Water」も、その中身は「海洋と海洋資源を持続可能な開発に向けて保全し、持続可能な形で利用する」というもので、一般の人にはすぐに理解するのが難しい内容になっています。それを、波と魚のイラストと、Life Below Waterという一言で表現し、誰もがピンとくるかたちになっています。

トロールベック氏のコピーの力、デザインの力で、ＳＤＧｓはとても親しみやすいものになりました。実は、ＳＤＧｓの前身である「ＭＤＧｓミレニアム開発目標」は、２０００年に国連で採択された後もあまり認知度が上がらず、専門家以外は「誰も知らない」状態でした。それに、当時はまだ気候変動に対して懐疑的な専門家もいて、議論喧《かまびす》しく、知識として知っていても公の場で気軽に口に出せないような空気感もありました。

その後、異常気象というかたちで気候変動が現実のものになってきて、世界中の多くの人がＳＤＧｓに関心を持つようになっていますが、トロールベック氏の親しみやすいデザインやわかりやすいコピーが大いに貢献しています。

彼はもともとＤＪで、デザインは仕事の傍ら独学で学んだそうです。ＳＤＧｓの理念をデザインに落とし込み、世界中の誰もが理解できるようになったのは、彼がテンポ良く、端的に曲の魅力を伝えるＤＪだったからかもしれません。もし、彼が美術大学でデザインを学んだ人だったら、ＳＤＧｓのシンボルマークやロゴはもっと別のものになっていたかもしれません。

彼のエピソードから、持ち味を活かして、自分を超えた価値のために力を尽くすと最もよく社会に貢献できることがわかります。

世界一と二番手、三番手のあいだにある大きな違い

「世界2位でも3位でも、10位以内でも相当すごいのに、なぜ世界一でないといけないの?」と思われるかもしれません。金メダリストと銀メダリスト・銅メダリストの違い、ノーベル賞受賞者とノミネートされた人の違いなど、世界一と二番手、三番手のあいだにある違いとは何でしょうか。

それについて、皆さんに知ってほしい大事なことを、世界ナンバー1コーチ、アンソニー・ロビンズ氏の言う、「報酬のピラミッド」を使って説明します。

まず、パフォーマンスの一番下のレベルから。

自分のパフォーマンス（スキル、能力、成果）がPoor（劣っている）レベルのとき、報酬はPain＝痛みでしかありません。貧困状態です。

Good（良い、合格点）レベルのときでも報酬はPoor＝乏しい状態です。

Great（すごいね、プロだねと言われる）レベルのときで、やっと報酬がSo so＝まあまあ、人並みの生活ができるという状態です。

Excellent（うわ～おすばらしい！　と言われる）レベルになってやっと報酬はGood＝良い生活ができる状態になります。

最も上の、Outstanding（他の追随を許さない、ずば抜けた）レベルになると、Jackpot＝大当たりです。外国の映画などで見る、スロットマシンが止まらなくなるエンドレス状態になって、報酬が青天井になるのです。

このように、パフォーマンスと報酬の関係は逆ピラミッドになっています。

■ 報酬のピラミッド

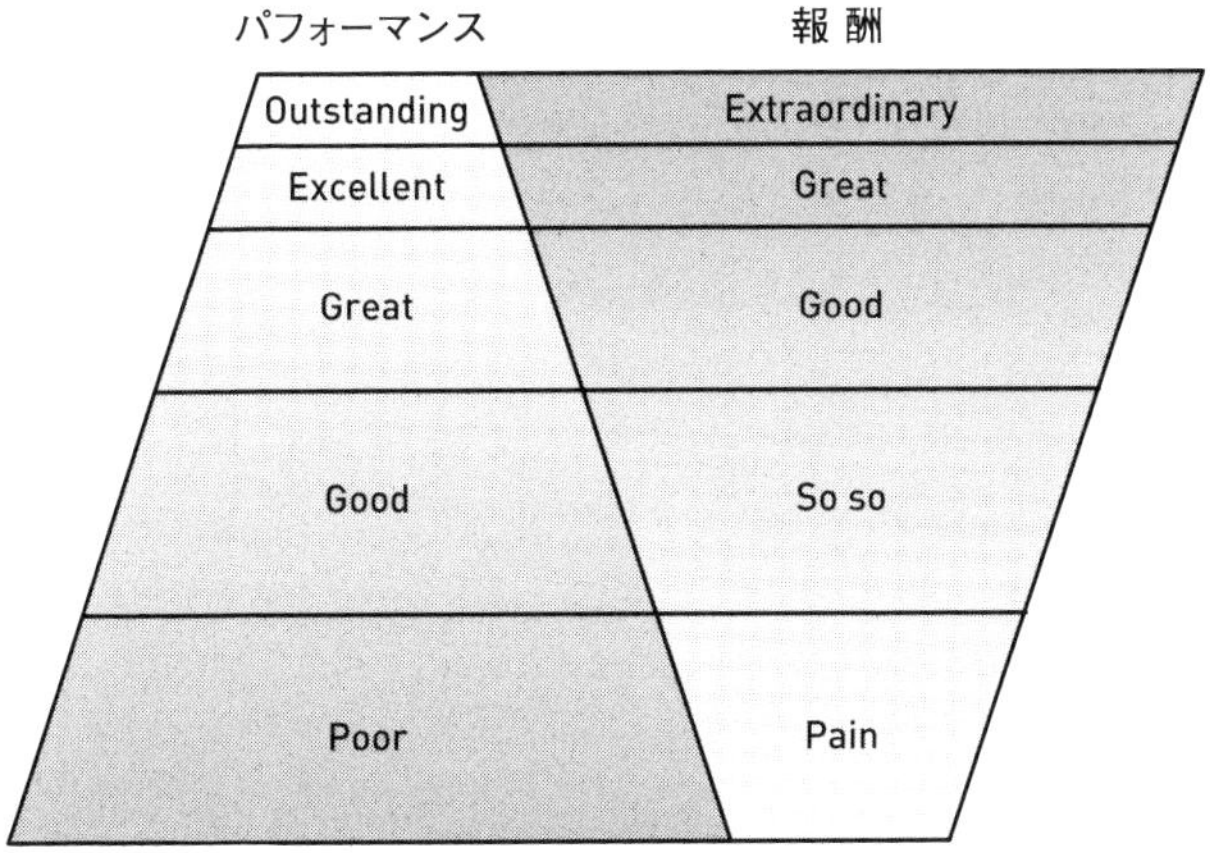

たとえば、レストランでアルバイトをしていて、高価なお皿を割ってしまい、アルバイト代から弁償させられる場合はPoorで、貧困状態です。

新卒初任給でカツカツの生活をしているならパフォーマンスはGoodだけれども、報酬はまだ心もとないPoor状態です。就職して3年、5年と経って、仕事を覚えて顧客や上司に信頼され、後輩の指導を任されるようになり、ボーナスや手当てがつくようになってGreatです。ここで報酬はやっとSo so＝まあまあになります。

さて、就職後10年以上が経過して、職場で「〜長」とか、責任ある役職を任される段階でExcellentになるわけですが、報酬は平均より良いぐらい、Goodというレベルです。青天井の報酬になる１位＝Outstandingとは雲泥の差があります。

では、２位以下のExcellent（すばらしい！）と、１位のOutstanding（ずば抜けている）の違いはどれくらいあるのでしょうか。実はこの差は１ミリでも、コンマ１秒でもいいんです。

オリンピックや世界陸上の短距離走で数々の金メダルを獲得したウサイン・ボルト氏。彼は人類史上最速のスプリンター（The greatest sprinter of all time）と呼ばれています。

オリンピックや世界陸上で、１００メートル、２００メートル、４００メートル・リレーの３冠など、獲得した金メダルは、陸上短距離走史上過去最多で、圧倒的な世界一のボルト氏ですが、２位の人との差は鼻先一つしかありません。１９６センチという高い身長のために、後半のストライドが広く、２位以下の選手との差、わずか数センチのところで世界一になってきたのです。ボルト氏以前は、世界レベルの短距離スプリンターは１８０センチ台の人しかいなかったため、彼は陸上競技では成功できないと言われていたそうです。背が高すぎると、クラウチング・スタートで立ち上がるときに遅れが出てしまい、不利とされていたのです。

でも、ボルト氏は不利と言われた背の高さを強みにして、ストライドの数センチの差で世界一になってしまいました。つまり、世界一はこの鼻先だけでいいし、常識的には不利と言われることでも持ち味を活かせばOutstandingになれるということです。

常識的には不利と言われることが武器になる

「持ち味を生かす」

これはどんなことにでも当てはまります。「不利」とか「向いていない」と言われること、苦手なこと、コンプレックス、もしかしたら、その中にあなたらしい世界一のヒントがあるかもしれません。あなたらしい組み合わせでいけば世界一は意外と身近にあるものです。そして、それができれば、報酬は青天井になるわけです。

私は自分のキャリアを、帰国子女でもないし、留学経験もなく、20歳のとき初めて受けたＴＯＥＩＣのスコアが２８０点と、同時通訳には「不利」だらけの状態から出発しました。通訳学校に入るための最低ラインのＴＯＥＩＣ８００点からもほど遠く、何度もこう言われました。

「20歳でこの英語力じゃ、通訳は絶対無理」

それでも、アルバイトを３つ掛け持ち、睡眠時間を削って半年間必死で勉強し、２度目のＴＯＥＩＣ受験で８０５点。それからは英会話学校の講師をしながら3年間通訳学校に通って英検1級、ＴＯＥＩＣ９６０点を取ることができました。

ところが、ようやく手にした社内通訳の仕事でも、「何を言っているかわからない。本当にＴＯＥＩＣ９６０点取ったの？」と言われてしまいました。周りには帰国子女や高学歴の人ばかりで短大卒の私は肩身が狭く、「なんとかしなければ」という思いでずっと勉強を続け、どうにか一人前の仕事ができるようにはなりました。でも、一生懸命やればやったで「大げさすぎ」「目立ちすぎ」「そこまで大きな声出さなくていいから」と批判されることも多々ありました。

そもそも英語力以前の問題として、私は感受性が強すぎて社会不適応でした。感情の起伏が激しくて、感情をあらわにしない日本人の中にいると浮いてしまい、集団で行動するとはみ出してしまうのです。だから、社内通訳や会議通訳だとそれが悪目立ちしてしまいます。

ところが、登壇者と数百人、数千人の聴衆とが一体となってワーッと盛り上がるようなセミナーでは、「講師の思いがズドンと伝わった！」「腹落ちした！」「感動した！」と、高い評価をいただけるようになりました。〝イタコ通訳〟という私の「持ち味」を活かすことで、大成功したのです。

体全体を使って熱をこめて話す登壇者の言葉だけを淡々と語ってもまったく伝わりません。登壇者が乗り移ったかのように、魂をこめて一言一言発していくことで初めて会場の一体感が生まれるのです。

通訳は、異なる言語間のコミュニケーションを可能にする技能です。なかでも、同時通訳は文字通り、リアルタイムのコミュニケーションに特化しています。その様子から、グーグル翻訳のように、左から右に英語を日本語に、日本語を英語にするものだと思われる方もいらっしゃいますが、実際には、同時通訳を行うために相当の準備をします。私はこれを「ＦＢＩプロファイリング」と呼んでいます。

まず、通訳するスピーカーに関する主要なインターネット情報は必ず読みます。国際会議や学会などであれば、主催者からできるだけたくさん資料をもらって事前に読み込みますし、セミナーであれば、過去の動画資料をできるだけたくさん見ます。時間の許す限り、話し手が書いた本や記事、ブログを片っ端から読み、動画を見ます。

これはまさに、話し手の頭の中をのぞき込む行為です。そうやって話し手の意図を正しく聞き取り、日本語に変換して、聞き手に伝えることができるのです。

さらに、ここからは小熊式〝イタコ通訳〟メソッドの部分ですが、本番では、話し手になりきって、声色や抑揚、表情や身振り手振りまで再現するつもりで全身を使って伝えます。同時通訳者はたいてい通訳ブースの中にいるので観衆からは見えませんが、それでも声色はもちろん、全身で話し手になりきります。

一般に同時通訳者といえば、語学のエキスパートと考えられていますが、私は「脳のプロファイラー」でもあると考えています。もちろん、語学力も大事ですが、それだけでは通訳は務まりません。むしろ、「プロファイリング」と「チャネリング」が通訳によるコミュニケーションの成否を分けるといっても過言ではありません。

私が英語を教えるときは、単語を知っているとか、文法的に正しく話すことよりも、英語を使って何を伝えたいのか、何をしたいのか、目的や意図を明確にすることを大事にしています。そうすることで、受講生の英語力の伸びもスピードアップするし、自信もついて表現力も豊かになるのです。これは初心者レベルの人であっても、同時通訳を目指すようなハイレベルな人であっても同じです。

単語や文法上の正しさを気にする前に、伝えたいことや目的を明確にすることが大切です。

実は、20代の頃、通訳学校に通いはじめたばかりの頃から〝イタコ通訳〟をやりたいと思っていました。でも、通訳学校ではノートテイキングや正確に訳すことのほうが重視されていて、社内通訳の仕事でも、〝イタコ通訳〟が求められていたわけではありませんでした。だから、自分のやりたいことや持ち味を活かすという発想もなかったのです。

私は、自分のやりたい方法で、持ち味を活かすことが、結局は多くの人の役に立つし、評価も得られると気づくまで20年もかかってしまいました。だから、この本を手にした皆さんには、早く気づいてほしいと思っています。

たとえば、英語を教える人はすごくたくさんいます。ＴＯＥＩＣのスコアアップに絞るともう少し減ります。さらにビジネスで使える英会話でまた少し減ります。あるいは、子どもが好きで幼児教育の知識や経験があって、子どもに教えるのが得意なら幼児向け英会話に絞れます。スポーツが得意ならスポーツ英語、料理が得意ならクッキング英会話でもいいでしょう。アニメが好き、ゲームが好き、車が好き、山が好き、世界遺産が好き……、好きで知識があって、得意なものを活かして、それを、20分の動画で効率良く教えられるとなると、ほかにやっている人はどんどん少なくなりますよね。

そうやって自分のオンリーワンを見つけ、その領域で一番になる戦略を組み立てていけばいいんです。つまり、世界一というのは、他者からの評価ではなく、自分の内側を見つめることから始まります。孫子の兵法「彼を知り己を知れば百戦殆《あやう》からず」です。己を知ることから始めましょう。

あなたの持ち味を活かした世界一は、きっとあります。

計画して実行するときは、「ASAP」を意識する

いかがでしょうか。世界一という言葉が、だんだん身近なものになってきましたか？ それともまだ、「いや〜、私には無理」「そこまでやらなくてもいいや」という段階でしょうか？

誰でも世界一になれるのに、その道筋も見えてきたのに、実行しないのはもったいないので、実行したくなるお役立ちツール「ASAP」を紹介します。

ASAPは、A for aim＝目標、S for strategy＝戦略、A for action＝行動、P for practice＝実践（練習）の略です。

A：自分が何を達成したいのか＝目標Aimを明確にする。

射撃練習では、「Ready. Aim. Fire.（構え、照準、発射）」と言いますが、これと同じで、まず何を達成したいのか、目標を明確にします。目標がはっきりしないと、どこ

に向かっていったらいいのかわからなくなってしまいます。

自分の内面と向き合って、心から達成したいと思う、わくわく目標を設定しましょう。目標を達成するまで自分を勇気づけ、鼓舞してくれる「憧れ」の人を見つけましょう。この本で、世界一の成功者たちを紹介するのもそのためです。

S：戦略を立てる＝Strategizeする。

戦略Strategyは、途中でころころ変えると非効率なので、最初の段階で、本当に目標に合っているかどうかをよく考える必要があります。たとえば、英語学習の場合なら、途中で講師や教材をころころ変えてもうまくいきません。それと同じで、この方法でやると決めたらやる、そういう覚悟が必要です。ビジネスであれば、外部要因に左右されず、成果が出るまで一定期間やり抜くことが可能な戦略を立てる必要があります。このときに、すでに自分が達成したいことを実現している人を見つけて「モデリング」を行うと効果的です。

A：戦略に沿って行動Take actionsする。

目標が決まり、取るべき戦略が決まったら、その次は行動です。目標設定や戦略づくりで満足してしまい、やるべきことをやらなかったら、意味がありません。行動段階で止まってしまうのは、目標や戦略が間違っている可能性があります。わくわくする目標や戦略であれば、やりたくてウズウズしてくるはずです。

1日、1週間、1カ月、半年、1年と、時間軸を区切って行動計画を立て、実施度、達成度をチェックしながら進めていくのが効果的です。

P：Actionの成果を評価しながら、実践Practiceし、PDCAを回していく。

「Practice makes perfect.（練習さえすれば完璧になる）」

という慣用表現があります。英語学習の場合は、覚えた単語やフレーズを実際にネイティブ・スピーカーとの会話で使ってみます。

「この表現はうまく伝わらなかった」という場合は、ネイティブに、どんな言い方をしたらいいか聞いて修正をかけていきます。ビジネスであれば、顧客の反応を見たり、意見を聞いたりしながら適宜修正をかけていきます。

たとえば、新商品や新しいサービスであれば、モニターになってもらいましょう。実践して、改善点を見つけたら修正、それを繰り返して磨きをかけていきましょう。

目標と戦略に合致したアクション。アクションのスイッチは、正しい目標、正しい戦略によって入ります。この二つに間違いがあると、人はなかなか動けません。

まずは「やりたいこと」「好きなこと」「得意なこと」「わくわくすること」を書き出してみてください。それをながめてグルーピングしたり、つながりや関連性を見たりしていくとだんだん目標が見えてくるはずです。目標が見えたら、それを実現している人を探してモデリングしましょう。

私の経験でお話ししますと、漠然と英語がペラペラになりたいと思っているうちは英会話教室に通っても、ホームステイをしてもほとんど英語力は伸びませんでした。でも、20歳のときに「同時通訳者になって年収2000万円稼ぐ」という具体的な目標が決まってからは、ＴＯＥＩＣスコアを伸ばして英語を使う仕事に就く、英検１級を取る、ＴＯＥＩＣ９００点以上取る、社内通訳になる……というふうに、具体的な目標が決まり、その目標に合った勉強の戦略を立て、実行し、着実にモノにすることができるようになりました。

よくある間違いは、英語で何をしたいか＝目的と学習内容が合っていないパターンです。以前、「海外投資をしたいから英語を学びたい」という経営者の方の相談を受けたことがありました。その方に、「どんな教材を使っていますか？」と訊ねると、英語版イソップ物語の教材を見せてくれました。これでは、海外投資という目的は遠のいてしまいます。投資で必要な金融関係の用語を覚えて取引の仕組みを知るためには、金融専門誌やポータルサイトなどの情報を読んで理解する必要がありますから、最初からそういった教材を使うべきなのです。

また、英文法の学習でつまずいている方の相談を受けたとき、英語で何をしたいかを聞いてみると、「外国人に英語で日本文化を伝えたい」とのことでした。この場合は、英文法よりも、日本文化を紹介するための語彙《ごい》を増やし（戦略）、実際に外国人に説明してみて（行動）、相手の反応を見ながら確認し、工夫していく（実践）ほうが速く目標を達成できます。日本文化を知りたい外国人にしてみたら、複雑な文法を駆使して説明されるよりも、簡単でわかりやすい言葉で説明されるほうが役立つのです。

このように、自分のやりたいこと、実現したいことに合わせて最短で成果を得られる方法を自分なりに工夫することが成功の秘訣になります。

モチベーションを維持するレバレッジの効かせ方

さらに、行動にドライブをかけていくのが、「レバレッジ＝てこの原理」です。人間は変化や冒険を恐れる生き物です。これは生存本能の一部で、野生生活では、命を守るために必要なことだったのです。その習慣で、今まで長い間やってきた行動を変えようとすると、「危険なことはやめろ」と脳が指示を出すのです。だから、習慣を変えるのは簡単なことではありません。

でも、変える方法はあります。それが、「痛みと喜びのレバレッジ」です。

人間は、「痛みは避けたい。喜びは得たい」生き物です。目標に対して行動しなかったことによる痛みと、行動することによって得られる喜びを明確にし、何度も自分に問いかけていくことで、根源的な思いを明確化していきます。これがレバレッジを効かせていく方法です。

私の場合は、英語を勉強して、通訳になって年収1000万円を手に入れる「喜び」と、通訳になれずに会社員になり、退屈な人生を送る「痛み」をレバレッジにして勉強していました。

最初の仕事は英会話学校の講師で、年収は252万円でした。その後、社内通訳としてある企業に就職、最初は時給は2500円でした。自分の価値はいくらなのか、考えて交渉したところ、時給3500円に上げてもらうことができました。自分の仕事にどのくらい価値があるか意識し、納得できない条件ならば強い意志を持って交渉することが大切だと気づいたのです。そして、次の転職では「年収1000万円は欲しい」と交渉。27歳で、当初抱いていた「年収1000万円」を達成できたのです。

「喜び」は、「Rosy path＝バラ色の道」、「痛み」は「Thorny path＝いばらの道」です。喜びと痛みをリアルに想像していくとモチベーションを維持でき、行動にドライブがかかっていきます。

私の講座の受講生にも実践してもらい、その効果は実証済みです。

なぜ、「痛みと喜びのレバレッジ」が効果的なのかというと、人間の本能的な性質を利用しているからです。変化を避けようとする原始的な本能に打ち勝つために、「痛みは避けたい。喜びは得たい」という、もう一つの強い本能的な性質を利用して、行動せずにはいられないように仕向けていくのです。

これを自分の頭に刷り込んで、目標・戦略に合った行動・実践を続けていくと、モチベーションを維持するのは簡単です。

右脳を使って「憧れ」を仕入れ、左脳を使って上手に「モデリング」しよう

「ＡＳＡＰ」と「痛みと喜びのレバレッジ」の次にお伝えしたい大切なポイントが、「憧れの仕入れ」と「モデリング」です。

「憧れ」のほうは、感性をつかさどる右脳優位で、「モデリング」のほうは、どうしたら最短で目標を達成できるか、戦略的に考えるところなので左脳優位で考えてみる

のがお勧めです。ただし、どちらもわくわくする気持ちを大事にしてください。

「憧れの仕入れ」は、あなたが心から憧れる対象であれば高望みでもかまいません。

たとえば、世界的なヘルスドクターのアイザック・ジョーンズ氏を通訳させていただいたときに、なぜそんなに神々しいのかと伺ったところ、「イエス・キリストを信じているからだ」と言っていました。今でこそ世界中のトップエグゼクティブに健康指導を行う予防医学の先駆者として知られていますが、もしかしたら、昔は「何を言っているんだ、こいつは？」と思われていたかもしれません。イエス・キリストといえば、２０００年ものあいだ世界中の人々に信奉されている宗教の創始者ですから、高望みといったら確かにそうかもしれません。

でも、憧れは、思いっきり高望みでいいのです。身近なところよりも、遠いところ、高いところに視野を広げてみてください。大丈夫です。最初はできることから真似をしてみましょう。写真や肖像画を見て、姿勢や表情、振る舞い方、どんな小さなことでもいいから真似してみましょう。歴史上の偉大な人物であれば、その人所縁《ゆかり》の地に行ったり、肖像画を飾ったり手帳に挟んだりしてもいいと思います。

私も、英語維新の志《こころざし》を持ったとき、高知県の桂浜にある坂本龍馬の銅像の前に行きました。そこで、龍馬が日本の開国を主導しようと思ったときのことを思い浮かべて、自分を坂本龍馬に重ね合わせてみました。そういう場所に行くことはとても大きなエネルギーになります。でも、行けない場合でも、インターネットで写真や動画を見て行った気になるだけでも十分効果を感じられると思います。

世界一がやっている最速学習法＝モデリング

モデリングは「最速・最短」で結果を出すことができる方法なので、上手に取り入れましょう。自分が設定している目標をすでに達成している人を見つけて、その人がやっている方法をそっくりそのまま真似します。

Success leaves clues. 成功は必ずヒントを残す。

自分がやりたいことに成功した人の足跡をたどって、そのやり方をとことん真似てみましょう。話し方、言葉遣い、呼吸法、体の使い方、服装や、ルーティーンとして行っていることなどの前提も含めてできるだけ多くのことを真似してみると効果的です。

たとえば、「話し方が上手だな～」と思う人の声のトーン、言葉の選び方、間の取り方、呼吸法、目線の置き方、身振り手振りや姿勢などをよく観察して真似してみるのです。

英語を学んでいて、もっとネイティブの英語をよく聞き取れるようになりたいという人なら、聞き取れている人を探して、自分の英語の聞き方とその人の英語の聞き方はどう違うのか調べてみましょう。似たような2つの絵の中の間違い探しをするように、細かいところまで見ていきます。私はこれを目標達成のための「間違い探し」と呼んでいます。

自分の英語とネイティブの英語の違いを比べる、「目標達成のための間違い探し」をしましょう。

間違い探しをすると、何がボトルネックになって伸び悩んでいるのかがわかり、そこから突破口が開けてさらなる成長へとつながっていきます。

「人真似は良くない」と思い込んでいたり、自分のやり方にこだわったりしていると、成長が遅くなってしまいます。目標が決まったら最速・最短で結果が得られるように戦略的に考えましょう。

どうして「最速・最短」がいいかというと、時間がかかりすぎると自信をなくし、モチベーションも下がってしまうからです。

最速・最短で取り組まないと、モチベーションがどんどん下がっていきます。

一度そうなってしまうと立て直すのが大変なので、それを理解していただくために、避けてほしいパターンを紹介します。３０００人を超える私の英語講座の受講生から過去の英語学習で挫折した経験についてヒアリングし、その事例を基に大きく5つに分けています。

1. あれもこれもパターン

［症状］目にするもの（モデルとする人）がすべて良く思えて、成果が出る前に別のこ

とを始めてしまい、それらをすべて戦略なくこなそうとして壊れてしまう。シナジーのないことに手を出してしまう。

2. やっぱりダメだパターン

［症状］今度こそとやり始めるけれども、効果があると指導された方法ではなく、自分のいつものやり方に固執してしまい、結局、我流になって進みが遅く、忍耐が続かなくなってやっぱりダメだと諦め、自信をなくしていく。

3. もう無理だパターン

［症状］戦略なくひたすらがんばる。やり方に工夫がないので、とにかく睡眠を削り、賢いやり方を無視。成果がちょっと出ても飛躍しない。やがて疲れて体調を壊して挫折してしまう。

4. 私なんてパターン

［症状］営業トークに乗せられ、「私でもできるかも」と希望を抱きスタート。しか

し、他人に依存する体質が変わっていないので、がんばろうと思っても空回り。私なんてどうせダメなのよと自信を失う。

5．あなたは無理よパターン

［症状］今度こそ絶対やると決めていたけれども、どこか不安になり、不安を払拭しようと身近な友だちや家族に「できるかな」と相談してしまう。身近な人は、変わる前の以前のあなたを見ているから、「あなたには無理よ」と言う。その言葉にショックを受けて落ち込み諦める。

いかがですか。当てはまるパターンがあったら、すぐに改善していきましょう。

世界一の人たちは素直。だから最速・最短で学べる

世界一の成功者たちはそれぞれのオンリーワンの道を究めた人たちなのですが、自分に必要なことを新たに学ぶときには、きっちり「モデリング」をしています。一流の人ほど、ひとたび学びが必要だと判断したら、それを達成している人＝最良の先生

（モデル）を見つけて学びます。そして、自分にとって必要なもの、良いものは素早く取り入れているのです。

もたもたしていると、先にあげた、うまくいかないパターンに陥ってしまい、結局モノにできなくなってしまいます。モデリングは素早くやるのがポイントです。

素早く会得するために重要なのが、素直さです。どんどん吸収できるようにするために、脳に乾いたスポンジのような状態をつくります。自分の思い込みやこれまでのやり方を忘れてカラッポの状態にするのです。

私の経験をお話ししましょう。

通訳として15年以上キャリアを積んで、たくさんの現場を経験してきたのに、どうしても自分のパフォーマンスに納得がいきませんでした。「どうもピタッとくる訳ができていない」「話し手の意図がうまく伝わっていないんじゃないか」と、自分に納得できていなかったのです。

そこで、通訳歴はたった5年なのにもかかわらず、とにかく話し手の意図を伝えるのが上手な人を見つけてモデリングしてみました。

実際に、その人がどうやって通訳をしているか、事前の準備の段階からやっていること、ノートのつくり方や気をつけていることを聞いてみました。そのときにわかったことが、事前に資料を読み込むときの、「意図のつかみ方」が重要だということ。

通訳は事前に資料をもらって読み込みます。語彙の対訳を確認し、背景知識を頭に入れておかないと適切に訳出できないからです。

で、その人の資料の読み方を聞いてわかったのが、「要は何を言いたいのか」中心軸をしっかりつかんでぶれさせないということでした。資料が100ページあろうが200ページあろうが、「要は……」と考えながら読み、訳出のシミュレーションをしていたのです。

通訳の現場では、時間が限られています。とにかく短時間で伝えていかなければなりません。大きな会場で、残り時間が表示されるような一刻を争うような場面で、一語一句の正確さばかりにこだわっていると、「で、言いたいことは何だったの?」ということにもなりかねません。だから、「意図」を理解し、素早く伝えることを意識して資料を読み込むことが大切なのです。読むときには、重要語句や強調して言うべきことをマーキングします。そして、自分が訳語を口に出すときの声の大きさや抑揚、スピードまでシミュレーションしてみるのです。

英語の文章は日本語以上に論理構成がはっきりしているので、冒頭と末尾には必ず要旨が書かれています。

主たる主張＝statement
理由＝reason
事例＝case studies
結論＝conclusion

だいたいこの構成です。主張と結論を裏づける理由と事例、この関係を正確にとらえ、意図がぶれないように頭に思い描きながら自分の声を駆使して伝えることで、聴衆も「なるほど。言いたいことがよくわかった」となるのです。

　これは英語力や対訳の知識の問題だけでなく、論旨をつかむ能力や説得力のある表現力の問題です。実は、後でわかったことですが、プロのアナウンサーも原稿を読み込み、意図を汲《く》み取り、声の大きさや抑揚、スピードなどをコントロールしながら話すトレーニングをするそうです。人間のコミュニケーション力のすごいところで、話し手が言葉に出さなくても、キーワードを思い浮かべながら話すと、聴衆がそのキーワードを自然に思い浮かべることがあるそうです。

このモデリングによって、私の通訳に切れ味が出るようになりました。資料の読み方、書き込みの仕方、ノートのつくり方まで真似させてもらったところ、効果てきめんでした。もし、このときに「私はもう通訳を15年もやっているんだから、自分のやり方がある。5年目の人の真似なんかできない」とこだわっていたら、成長できなかったと思います。

そして、私が同時通訳で接した世界一の成功者たちも、最初は「モデリング」から始めていたのです。

自信を持っていれば、自分のやり方を捨てるのは怖くない

モデリングをするときに、誰もが陥りやすい罠についてお伝えしておきます。

それは、自信を失ってしまうことです。自分が達成したい目標をすでに達成している人を真似るのに抵抗があってうまくできないとしたら、それは自信を失いそうで怖

いからです。

「どうしてこの人は私より上手なんだろう」

「この人はこんなに簡単にやっているのに、どうして私はできないんだろう」

実は、私自身、通訳としてのキャリアをスタートしてから最初の10年間は、自信のない状態が続いていました。「一流の通訳として活躍したい」という夢に向かってアクセルを踏みながら、同時に「私なんかどうせ無理」というブレーキも踏んでいたのです。

その後、英語教育に取り組むようになると、多くの受講生が私と同じ状態に陥っていることに気づきました。

では、どうしたらこの状態から抜け出すことができるのでしょうか。

20代の頃、最初に社内通訳として勤めた会社では、帰国子女や高学歴の留学経験者に囲まれて、毎日落ち込んでばかりでまったく学べませんでした。すぐ近くに自分より上手にできる人がいて、自分さえその気になれば学びたい放題なのに、できていなかったのです。

それよりも、「どうして自分はダメなんだ」といじけてばかりでした。

このように、思うようにできない自分を責めてしまうと、うまくモデリングができません。真似るのに最適なモデルがいても、その人の「やり方」ではなく、自分自身を貶《おとし》めるほうに意識が向いてしまうのです。

だから、モデリングの前提として、自分に宣言してください。

I can do it.　私はできる。

It is easy.　それは簡単。

I am a genius.　私は天才。

My brain can absorb anything.　私の脳は何でも吸収できる。

根拠のない自信でいいのです。他人の真似をしたからといって、あなたがあなたでなくなるわけではありません。モデリングはあくまでも目標達成のための手段です。

「憧れを仕入れる」ときでも、「モデリング」をするときでも、自分にぴったりの情報を得るためには観察力が重要になります。

2章では、通訳の仕事を通して知った世界一の人たちの成功の秘訣を紹介していきます。12人を紹介しますが、その人たちを選んだ基準は、必ずしもメジャーな分野の有名な人というわけではありません。知名度よりも、世界一を目指すヒントを持っているかどうかを基準に選びました。

具体的には、自分の分野で、自分の個性を出しきって世界一になっている人です。

「世界一なんて私には無理。だって特別な才能なんかないし、お金持ちじゃないし、ただの会社員だし、派遣だし……」

そんなことは関係ありません。あなたにしかできない世界一があります。誰もが可能性を持っています。登場する12人の中の一人、ジョン・ディマティーニ博士は10代の頃まで学習障害と言われていました。それがある老人との出会いをきっかけに生きる目的を見出し、変わったのです。

だから、今、まったく芽が出ていない人もちょっとしたきっかけと決断次第で変われます。私の観察を通して、皆さんも自分に役立つ観察の目を養ってください。そして、「憧れ探し」やモデリングに役立ててください。

第2章

世界一の成功者たちのここがすごい！

01 ノーベル賞受賞者のここがすごい!

世界一の「着信主義」のコミュニケーション

ノーベル物理学賞受賞者

ホルスト・ルートヴィヒ・シュテルマー

特徴

難しい物理学を素人にもわかりやすく説明するコミュニケーション力

ポイント

【世界一】

複雑な概念をシンプルに話せる。


【凡人】

シンプルな概念も複雑に話す。

エピソード

物理学を知らない人にもわかりやすく図解でゆっくり丁寧な説明を心がける。

相手が理解できることを優先。

一方、同席していた他の専門家は「こんなこともわからないのか」と上から目線で専門用語を羅列し、相手がわかっているかどうかよりも自分が言いたいことを言うことを優先しており対照的だった。

難解な「分数量子ホール効果」の通訳に挑む

世界一のコミュニケーション力のモデルとして、ノーベル物理学賞を受賞したホルスト・ルートヴィヒ・シュテルマー博士を紹介します。

お会いしたのは、博士がノーベル物理学賞を受賞した１９９８年の翌年でした。当時博士はアメリカのベル研究所に在籍していて、私は外資系の大手通信会社の社内通訳でした（ベル研究所は、１９２５年にアメリカの通信大手のＡＴ＆Ｔが設立した研究機関ですが、後にルーセント・テクノロジーズとして独立し、現在はフィンランドのノキアの研究機関となっています）。

私が勤めていた企業が博士を招聘《しょうへい》して講演会を開催することになり、私が通訳を務めることになったのです。もともとベテランの大先輩が通訳をするはずだったのですが、その方は通信のことにあまり詳しくなかったため、通信技術のことを勉強していた私も大抜擢されたのです。

今から20年以上前です。当時の私は28歳、ノーベル賞受賞者といえば、どんなに怖い人だろうと思ってビクビクしながら、物理学の専門誌に載っている難しい論文を読んで、なんとか通訳の仕事をまっとうできるようにとがんばっていました。

でも、専門的な物理学の論文となると、英語力より物理学の高度な知識が求められ、専門の学部卒ではない私には太刀打ちできるようなものではありませんでした。高価な専門雑誌を取り寄せて、対訳を確認しながら理解しようと努めたのですが、そもそもの物理がわからないので、とても全体像を理解したとは言えないレベルでした。そんな1カ月を過ごし、不安だらけのまま同時通訳の当日を迎えてしまいました。

恐る恐る講演会場の控室に入っていくと、そこにシュテルマー博士はいました。そして、とても穏やかな笑顔で迎えてくれたのです。

打ち合わせに入ると、講演の内容についてホワイトボードに絵を描きながらゆっくり丁寧に説明してくれました。すると、どんなに論文を読んでもわからなかった「分数量子ホール効果」が理解できたのです。

私が感謝の思いを伝えると、シュテルマー博士は、

I'm only as good as you.

「通訳の君がちゃんと理解できないと、僕もきちんと評価されないからね」

とにっこり笑って返してくれました。

この事前打ち合わせのおかげで無事に同時通訳を務めることができ、「技術のことがよくわかっている君が通訳してくれて良かった」と褒めてくれたのです。

それまでは、社内の会議通訳が中心で、講演会でたくさんの聴衆がいる前での同時通訳は初めてだったので、20年以上経った今でも忘れられない経験です。

当時はまだインターネット上にも今ほど情報が豊富にあるわけではなかったので、社内の研修用資料を読んだり、動画資料を見たりして勉強し、移動の間も必死で専門書を読んで、休みの日も会社の資料を借りて勉強していました。自習でわからないところは、社内の技術者の方に教えていただきました。工学博士や理学博士の方々が、専属家庭教師のように親切に教えてくださったことは本当にありがたい経験でした。

そこまでやって2~3年経過していたので、通信技術のことにはある程度詳しくなり、上司からも「通訳がわかりやすくて助かるよ」と言っていただけるようになっていました。だから、シュテルマー博士の同時通訳に大抜擢されたときも最初は「なんとかなるかな」と思っていたのです。

でも、準備のために取り寄せた論文を開いた瞬間、その考えは甘かったことがわかり、青ざめました。シュテルマー博士がノーベル物理学賞を受賞した「分数量子ホール効果」を理解するのは本当に難しかったのです。

それが、シュテルマー博士本人から1時間ほど説明していただいて、すっきりと理解できるようになり、心底ほっとしたのを覚えています。

世界一はこう話す

そのときのシュテルマー博士の話し方は今でもよく思い出せるのですが、ゆっくりと、相手の表情を見ながら、ときどき笑顔を浮かべてお話ししていました。

そして、他の多くの一流の方々の同時通訳をさせていただくなかで、これは世界一の成功者たちが共通して持っているコミュニケーション力なのだということがわかってきました。

シュテルマー博士は、物理を知らない私にもわかるように、図解で見せながら、ゆっくりと説明してくれましたが、同席していた他の専門家のなかには、「こんなこともわからないのか？」と、上から目線で専門用語を羅列して話す人もいました。

その後、何人かのノーベル賞受賞者の同時通訳をさせていただく機会があったのですが、共通する特徴として、「とても穏やかで、相手に合わせてコミュケーションを取る」ということが言えます。

早口の人は、一見頭が良さそうに見えるかもしれませんが、ノーベル賞受賞者で早口の人にはお会いしたことがありません。ビジネスシーンでは早口のほうがいいとされる場合もありますが、最近では早口の人は攻撃的な印象を与えやすく信頼されないという考え方もあって、特に企業の役員やトップなど、ハイレベルな人ほど、ゆっくりとわかりやすい言葉を使って話す傾向があります。

シュテルマー博士のような穏やかなコミュニケーションでもう一人、紹介しておきたいのが、スイスの時計メーカー、タグ・ホイヤーの4代目社長を務められたジャック・ホイヤー氏です（現在は会長）。

タグ・ホイヤーといえば、高級時計の中でもモータースポーツの計測を起源としているブランドです。１８６０年創業で、同じスイスの高級時計でもロレックスやオメガとは違った独自性を持っています。そのタグ・ホイヤーの１５０年を超える歴史をしょって立つ存在がジャック・ホイヤー氏です。

彼はチューリッヒ連邦工科大学で電子工学を修めた技術者ですが、家族をこよなく愛するとともに、従業員や多くの人から慕われている人格者です。

通訳を務めさせていただいたときは、技術者であるジャック・ホイヤー氏の説明をしっかり説明できるように、毎日時計図鑑とにらめっこしながら勉強したものでした。とりわけ、コンセプトウォッチのコンマ0・000秒といった世界の計測技術となると異次元の世界で、勉強しながら「頭から火が出そう」と思ったものです。実際、ひたいが熱くなると熱冷却シートを貼っていました。

そんな高度な計測技術の話をするジャック・ホイヤー氏からは家業のタグ・ホイヤーへの愛と、時計事業と向き合う真摯な姿勢が感じられました。彼もまた難しい話を、図解を用いて素人にもわかりやすく、穏やかに語る一流の専門家だったのです。

100人以上の世界一の方を同時通訳してきて、すばらしい人、世界中の人を魅了している人に、早口の人はいませんでした。

世界的な政治リーダーも同じです。南アフリカ共和国のアパルトヘイト撤廃に貢献したネルソン・マンデラ元大統領にしても、イギリスのエリザベス女王にしても、「鉄の女」と呼ばれた名宰相＝マーガレット・サッチャー元首相にしても、話すテンポはゆっくりです。大衆に向かって話す人というのは、誰にでもわかるように明快に、専門用語などは使わないのが共通の特徴です。

こういう方は多くの人の前で話すために、誰にでもわかりやすくクリアに話すスピーチの指導を受けることも少なくありません。中には特別な訓練なしで、ゆっくりと堂々と話せる人もいるかもしれませんが、多くの場合、話し言葉で伝える訓練に多くの時間を使っています。

誰でも使えるプレゼンテーションのコツとして、以下のようなポイントがあげられます。

［立ち方］　大勢の前で話すときは仁王立ちが良いとされる。堂々として安定感がある。

［目　線］　大勢の前で話すときは、目線はZを描くように。

［身振り］　身振り手振りを交えると、聴衆が直観的にイメージを持ちやすい。男性ホルモンが2分で分泌され、説得力が増す。

（例）過去は右手、未来は左手。後ろは過去、前は未来を表す。力強く聴衆に訴えたいときは、仁王立ちで手を胸より高い位置で大きく動かす。ソフトに伝えたいときは両足を寄せてモデル立ち。注目してほしいポイントでは、人指し指を立て、指先まで神経を使って表現。速い動きは忙《せわ》しない印象を与えてしまうので、ゆっくりとした大きな動きで。

［言　葉］一般大衆に向けて話す場面では専門用語は避けて、平易な言葉を選ぶ。

ただしこれらのポイントは、どちらかというと、テクニックになります。

より大事なことは、トレーニングによってテクニックを身につけることよりも、基本姿勢として「着信主義」のコミュニケーションができるかどうかです。

コミュニケーションに対する考え方として、「発信主義」と「着信主義」があります。発信主義というのは、言ったことを理解するかどうかは聞き手の問題という考え方です。平たく言うと、「言ったじゃん」ということになります。

これに対して、着信主義の場合は「ごめんね。伝わってなかったんだね。ちゃんと説明するね」と、相手がわかるまで、説明することになります。

質問されたときの受け答えにしても、ノーベル賞を受賞するような人は、こちらの想像を超えるようなレベルで温厚です。どんな初歩的な質問に対してもきちんと説明してくれます。「その質問は的外れだ」とか「レベルが低い」と言って否定することはありません。相手がわかるまで、言い方を変えたり、図を描いたり、何度も同じことを言い方を変えて説明してくれます。

これが、世界一の成功者の「着信主義」のコミュニケーションです。

大きな声で堂々と話すほうが効果的なのか、ちょっと抑えた声で、耳元でささやくような話し方のほうが心に響くのか、内容に合わせて話し方も変えてよいと思います。

世界一の人には、受け手の理解・感情を重視する、「着信主義」のコミュニケーションが習慣づいています。

自分を愛しているから他人にも愛を与えられる

シュテルマー博士の量子力学の講演では、専門的で難しい話をわかりやすく伝えるために、絵に描いて説明してくれていました。この図によって、私たち通訳者も正しく理解し、伝えることができました。

世界のトップの人たちは相手に合わせて、また通訳が入るのであれば、専門的な内容であったとしても、専門家でない通訳にもわかるように伝えることができるのです。なぜなら、自分の発見を世界に伝えることで、広く社会全体に理解されるようになり、その分野の研究に資金が集まったり、応用研究が進んだりしてますます発展するからです。

反対に、「専門家でもない人にはわからない」「通訳ではわかるはずがない」という態度の専門家もいます。同時通訳としていろいろな方を見てきた感想ですが、そういう態度の方は、本当は、自分に自信がないのではないかと思います。だから、虚勢を張って上から目線の態度になってしまうのではないでしょうか。

これは、世界一の社会起業家育成家、ロジャー・ハミルトンの講演のときによくあるのですが、質問している人が頭の中を整理できていなくて、何を言っているのかわからないことがあります。そんなときでも、ロジャーは質問者に質問を返すことによって、本人が頭の中を整理できるまで丁寧に導いていきます。けっして、「言いたいことが整理できてからにしてね」などとは言いません。

どうしてそこまでできるかというと、謙虚さが備わっているからだと思います。自分に自信があって、自分を愛している人は、どんな言葉でも謙虚に受け入れられるのです。

尊大な態度を取る人がいたとしたら、それは、自信がないことの裏返しです。

今は世界一の方でも、最初からすべての人に対して着信主義のコミュニケーションができていたわけではなかったかもしれません。聞いた話によると、ロジャー・ハミルトンも、セミナーや講演を行うようになったばかりの頃は質問者に対して怒っていたこともあったようです。でも、いろいろな経験をして、精神的な成長があって、今の姿になったそうです。

では、どうやって変わったのかというと、目に見えない大きなものとつながる、高次の自分を見出したからです。

自分の状態が低次元だと、自分のことしか考えられないので、思い通りにならないことが起きると、相手の立場になって考えることができません。でも、高次の自分でいられると、小さなことに怒ったりイライラしたりしないし、宇宙の視点で見れば、一見くだらない質問にも意味があると考え、余裕を持って受け答えできるのだと思います。

もし、人とのコミュニケーションでイライラしてしまうなら、それはあなたがありのままのあなたを許していないのかもしれません。「どうしてもっと賢くなれないの？」「どうしてもっと的を射た質問ができないの？」と、自分を責めているのかもしれません。

「こうでなければならない」と、自分に縛りを与えているのではないでしょうか。

「こうあるべき」というのは論理の世界ですが、世界一のレベルになると、

Follow your heart（心に従う）

ようになります。だから縛りがなく、何でも楽しそうにやっているのです。

「私はわかりやすく伝えましたか？」とたずねよう

では一般の人は、どうしたらそこまで行けるのでしょうか。

「進化」は一瞬で起きるものなので、けっして難しく考える必要はありません。一生懸命訓練して、一歩ずつ階段を上っていかないと最上階までたどり着けないというわけではないのです。自分で「自分を愛する」「ありのままの自分を受け入れる」と決めればそうなるのです。

ただ、ホメオスタシス＝恒常性という脳の機能があって、それが一足飛びに変わるのを止めようとすることがあります。たとえば、世界一のシュテルマー博士のような人に会って、高い次元のエネルギーに触れても、また元の日常の世界、低い次元に戻ろうとする脳の働きもあるわけです。

戻るのを止めるためには、「私は着信主義のコミュニケーションをする」と決めて、手帳に書いて、目につくところに貼って、シュテルマー博士のやさしい笑顔を思い浮かべて、高次の自分になることです。覚悟を決めてしまえば、戻らなくなります。

前と同じところに戻ろうとする機能は、コミュニケーションに限らず、いろいろなところで働きます。年収が上がったとき、職位が上がったとき、一時的に気持ちが上がっても、元の自分を知っている誰かに足を引っ張られてしまうこともあります。戻らないためには、理想の姿をいつでも思い浮かべられるようにしましょう。

すぐにできる簡単な質問を紹介しておきます。

✖ Do you understand?（理解しましたか？）

○ Did I make myself clear?
（私はわかりやすく伝えられましたか？）

相手の理解力を問う聞き方ではなく、自分の説明力を問う聞き方にするのです。

世界一の人たちは他人に期待するのではなく、他人はわからないのが当たり前のところから説明します。そして、相手が理解してくれることに感謝するのです。それが相手にも伝わって、良いコミュニケーションになるのだと思います。

ビジネスのトップエグゼクティブや大学や研究機関のトップの方々でも、

Did I make myself clear?（私はわかりやすく伝えられましたか?）

という言い方をする人が多くいます。ビジネスシーンで重宝しますので、実際に使ってみてください。

こうすることで、話し手であるあなた自身にとってのメリットもありますし、聞き手があなたを理解できることで、相手はもちろん、会社や組織にとってのメリットがあります。伝わるコミュニケーションは、社会全体に対する貢献になるのです。

Did I make myself clear?
対話するときの口ぐせにしましょう。

01 ノーベル賞受賞者のここがすごい！

世界一の無邪気さ
ありのままの自分でいられる理由とは

ノーベル経済学賞受賞者
ポール・クルーグマン

■ 特徴

遊び心と茶目っ気たっぷり。無邪気で素直

■ ポイント

【世界一】
少年のように明けっぴろげで、いつもチャーミング。

【凡人】
自分を完璧なように見せかける。

■ エピソード

「どうやって痩せたんですか」という質問に対して、腕につけた健康器具をうれしそうに見せながら、「これすごいんだよー」と満面の笑みで話してくれた。気取ったところが一切ない。
『ゾンビとの論争』（山形浩生訳、早川書房）、『クルーグマン マクロ経済学』（共著、東洋経済新報社）、『さっさと不況を終わらせろ』（山形浩生訳、早川書房）など著書多数。

BOOKS

BOOKS

経済理論を同時通訳

クルーグマン博士と会ったときは、リーマンショックから数年後、日本政府が消費税を上げるかどうかという議論をしているときでした。経済が低迷し、どう立て直すかという時期で、消費税を上げることによって消費が落ち込めば、経済低迷の長期化は避けられないことから、延期すべきだという考え方と、財政健全化のためには、財源として消費税を上げるべきだという考え方が拮抗《きっこう》していました。

国家財政をどうするか、その決断のために政財界のリーダーたちは国内外の専門家の知見を求めていました。その一人がノーベル経済学賞を受賞したポール・クルーグマン博士だったのです。

クルーグマン博士といえば、ニューヨーク・タイムズのウィットに富んだ辛口コラムで知られています。１９９０年代以降の日本経済の低迷に対して、政府・日銀のかじ取りを批判した「流動性の罠」という言葉は当時経済誌の流行語になるほど注目を集めていました。

世界的な経済低迷と国家財政の危機をどう乗り越えるか、そんな局面での講演とあって、同時通訳は当初経済に詳しい大先輩が務めるはずだったのですが、スケジュールが合わず、私に声がかかったのです。経済理論や専門用語に詳しいわけではないのですが、そのときの聴衆は経済の専門家ばかりではなく、一般のビジネスパーソンが多いということで、同時通訳を務めさせていただくことになりました。

とはいえ、高名なノーベル経済学賞受賞者ということで、お会いする前はとても緊張していました。でも、クルーグマン博士はとても気さくな方で、事前打ち合わせも和やかな雰囲気で進めることができました。

事前準備のときに見ていたクルーグマン博士の写真や動画と比べて、体がだいぶほっそりしていたのが気になって、

You've lost a lot of weight.（ずいぶんお痩せになりましたね）

How did you make it?（どうやって痩せたんですか？）

と、私がたずねると、教授は腕につけた健康器具を見せてくれました。

そして、ニコニコしながら、

This is incredible!（これがすごいんだよ！）

その無邪気な笑顔に見惚れてしまいました。

I can’t talk in detail, cause we don’t have much time right now.

（今は時間がなくて詳しく話せないんだけど）

と茶目っ気たっぷり。私としてはちょっとしたアイスブレイクのつもりでかけた言葉だったのですが、クルーグマン博士の無邪気さに触れることになったのです。

一流の人というのは邪気がなくて素直です。たとえ難しい内容の講演の打ち合わせをしているときでも、茶目っ気やユーモアを見せてくれます。一方、凡人は自分を完璧に見せようとして、隙を見せないようにします。

一般に、スピーチでは、アイスブレイクにユーモアを入れるのがよいと言われますが、実はジョークやユーモアは通訳しにくいので、「スピーチに入れないでほしい」とお願いする場合もあります。ユーモアセンスの文化的な違いに通じていて、それを得意としている通訳者もいるのですが、講演の趣旨にとってあまり重要でない場合は、そもそもスピーチの中に入れないほうがよいとされているのです。

ユーモアには文化の違いが大きく、通訳講演で言葉だけで、話し手のユーモアを含めたすべてを伝えるのは難しいので仕方がないことなのですが、本当は講演者の人柄の魅力までうまく伝えられたらよいのに……と思うことも多々あります。

クルーグマン博士の講演も、経済に関する専門的な知見を得ることが目的であったため、打ち合わせで見せてくれた無邪気さや茶目っ気を通訳で伝えることはできなかったのですが、世界一の人、一流の人というのは、内なる自信があるからありのままの自分を見せられるということを感じました。

多かれ少なかれ、人は自分をガードしているものです。でも、ガードは相手に伝わります。そして、相手も自分をガードしてしまうと、関係性に壁ができてしまいます。

素直で無邪気な人とは何でも話せるし、接していて気持ちがいいものです。そうすると、コミュニケーションも良くなるし、周りの人との協力もやりやすく、結果として仕事や研究も発展すると思います。

失敗を恐れる気持ちが「無邪気」な心を失わせる

ところで、大人になるとどうして無邪気でいるのが難しくなるのでしょうか。私は、過去の失敗の経験によって、「恐れ」が強くなってしまうからだと考えています。「うまくいかなかったら恥ずかしい」「失敗したらどうしよう」「嫌われたらどうしよう」「変な人だと思われたらどうしよう」「ありのままの自分を出しすぎたら軽蔑されるかも……」など、過去の失敗の経験が「慎重に行動しなさい」と命令するのです。

でも、歴史上、失敗なしに成功した人はいません。どんなに大きな偉業を成し遂げた人であっても、その成功の背後には膨大な失敗の経験があるのです。では、挫折と成功の間の違いは何でしょうか。

それは、失敗をどうとらえるかです。

成功者は失敗を学びのチャンスととらえ、次の飛躍の糧《かて》にしているのに対して、諦めてしまう人は「私には無理。だって過去に失敗したから」と、自分と失敗を同一視してしまうのです。未来は過去と同じではないにもかかわらず、失敗の延長上に「未来の自分」を位置づけてしまうのです。

これは誰もが持っている「心の癖」です。私もそうでした。社内通訳として最初に勤めた会社は周りに帰国子女や留学経験者ばかりだったので、自分よりも英語が上手な人が目の前にいると委縮してしまってうまく話せなかったのです。

「こんなことを言ったら笑われるんじゃないか」「人前で間違いを正されたら恥ずかしい」という思いがうわ〜っと押し寄せてきて、いつもびくびくしていました。

こちらが相手の顔色をうかがいながら、おどおどと自信なさげに話していると、相手もそれを察知してしまいます。「話したくないのかな」「じゃあ、さっさと話を切り上げてしまおう」「この人に話すのはやめて、他の人に伝えよう」という具合に、会話もつながらなくなってしまいます。最悪の場合は商談が決裂してしまうかもしれません。

では、どうしたら恐れをなくせるでしょうか。それは、自分の中にある恐れを書き出すことです。恐れを否定しようとすると逆効果になってしまうので、あるものと受け止めて客観的に見るようにしたのです。そして、書き出したリストを見ながらこう言います。

1. 恐れは誰にでもある。
   Everybody has fears.
2. 恐れを打ち負かすのではなく、恐れとダンスしよう。

Don't try to defeat fears but to dance with them.

3. 失敗しても命まで取られることはない。
Even if you make a mistake, you have nothing to lose.

4. 失敗を恐れて何もしないと損する。
If you do nothing for fear of failure, it's you who lose.

5. 失敗して学んだことは絶対忘れないからお得。
I will never forget what I learned from my failure, so I'm actually gain from it.

恐れとうまく付き合えるようになると、無邪気でいることもそれほど難しくなくなるのではないでしょうか。

相手の無邪気さを引き出すスモールトーク

無邪気さについては大事なことがもう一つあります。コミュニケーションは双方向のものなので、自分が無邪気でいるだけでなく、相手の無邪気さを引き出していくことも大切です。

では、人はどんなときに無邪気になれるでしょうか。

通訳の打ち合わせのときに私が心がけていることは、small talk（スモールトーク）です。

著名な方であれば著作や論文がありますし、ＹｏｕＴｕｂｅに講演がアップされていたり、ブログやＳＮＳで情報発信をしたりしています。それらに一通り目を通して、当日の講演の内容と照らし合わせてどんな話題なら話が弾むかを考えておくのです。

話し手の情報は、おおよそ3種類に分類できます。

本……体系化した知識
ブログ……最近の関心事
ＳＮＳ……プライベート

打ち合わせの場所や状況によっても異なりますが、スモールトークで盛り上がれる話題探しは、ブログやＳＮＳがお勧めです。

たとえば、『プレゼンテーションｚｅｎ』（２００９年、ピアソン桐原）のガー・レイノルズ氏の通訳をさせていただいたときは、ＳＮＳで奥さまとのすてきな写真がたくさん上がっているのを見ていたので、「すてきな奥さまとのラブラブの秘訣は何ですか？」とおたずねしたところ、すごく喜んでくれて話が弾み、いい雰囲気で打ち合わせを進めることができました。

同時通訳は、スピーカーの話を聞きながら同時に訳出して発話していくので、あまり早口で話されると大事なことを伝えきれなくなってしまうことがあります。なので、間違いなく聴衆に伝えるために「ゆっくりはっきり話してください」とあらかじめお願いすることもあります。また、似たような発音の紛らわしい専門用語などは事前に情報を仕入れておくことで正しい情報を聴衆に伝えることができます。できるだけ話し手から情報を引き出すことで良い通訳ができるのですが、それには相手に信用してもらわなければなりません。

相手がどんな偉い人であっても、「ゆっくりはっきり話してください」とあらかじめお願いするのも手。快く対応してくれるはずです。

「自分のことをこんなによく調べて準備してきてくれているんだ。この人なら安心して通訳を任せられる」と思ってもらえれば、本番でもうまくいくのです。

ただ、事前の情報収集では成功したこともあれば、失敗したこともあります。著書がたくさんあるスピーカーの場合は、講演の内容に合った本を読んでおかないとうまくいきません。読むべき本、その講演に関連した本を間違えてしまって、当日大慌てで同僚に教えてもらいながら定訳（国際機関や学会などによって決められている訳語）を確認したこともありました。そうなると、ＳＮＳで仕入れたスモールトークどころではなくなってしまいます。

ただ、どんな場合でも共通して言えることは、自分に関心を持ってくれている相手には心を開きやすいということです。日ごろからオープン・ハートなコミュニケーションを心がけることは世界一の無邪気さにつながると考えています。

01 ノーベル賞受賞者のここがすごい!

世界一の存在感
他を圧倒する迫力・威厳はどこから生まれる?

ノーベル平和賞受賞

サーリーフ前リベリア大統領

特徴　穏やかなのに鬼気迫る迫力で他を圧倒する存在感

国家首脳在任期間世界最長

ロバート・ムガベ前ジンバブエ大統領

特徴　自国のことから国際情勢まであらゆることに知《ち》悉《しっ》した生き字引

ポイント

【世界一】
揺るぎない存在感で指導者としての威厳に満ちている。

【凡人】
相手に迎合するような発言に終始。

エピソード

■ サーリーフ前リベリア大統領
穏やかなのに気迫に満ち、視線だけで日本の議員たちを縮こまらせる。
■ ロバート・ムガベ前ジンバブエ大統領
知識量だけで他を圧倒。とてもかなわないのでみんな黙る。

国のために命をかけ、時代の先駆けとなった「鉄の女」

サーリーフ前リベリア大統領は、第5回ＴＩＣＡＤ（アフリカ開発会議）のときに通訳をさせてもらったのですが、部屋に入ってきただけで、空気が変わる存在感に圧倒されました。

ＴＩＣＡＤはTokyo International Conference on African Developmentの略です。１９９３年以降、日本政府が主導し、国連、国連開発計画（ＵＮＤＰ）、アフリカ連合委員会（ＡＵＣ）、そして世界銀行と共同で開催しているアフリカの開発をテーマとする国際会議です。国際会議というと、緊張感や気迫のようなものがあるかと思います。そのときの情景として際立っていたのが安倍前首相の英語のスピーチです。会場にいる誰もが聞き入り、感動し、こぞって原稿を手に入れて持ち歩かれるぐらい世界のリーダーたちの心を鷲づかみにした会議でした。

発展途上国の生活は基本的に苦しいものですが、その中でも女性は虐げられています。政治的混乱が続き、民族紛争やそれに伴う暴力の歴史も色濃く残っています。そのなかで大統領になるということは、死を覚悟するということを意味します。政敵にいつ命を狙われてもおかしくないのです。

南アフリカ共和国のアパルトヘイト廃止に尽力したネルソン・マンデラ氏やミャンマーの独立民主化の旗手でありながら長期にわたり投獄されていたアウンサンスーチー氏もそうです。自分は何のために生きるのか、自分の生命よりも大事なもののために生きている政治家たちには他を圧倒する存在感があります。

サーリーフ前リベリア大統領もそういう存在の一人です。そんな方と間近で接してみて初めて、そこにいるだけで威厳を感じる存在感に圧倒されました。

日本の政治家たちと接するときも、やさしい感じの言葉を発していて、彼女を前にすると、日本で「先生」と呼ばれてかしずかれている人たちも緊張してカチンコチンになってしまうのです。表情も穏やかな感じで、鬼の形相というわけではありません。にもかかわらず、威厳があり、内に秘めた厳粛な覚悟がにじみ出るのです。

サーリーフ前リベリア大統領は、選挙で選ばれたアフリカ初の女性大統領として、２００６年から２０１８年まで、約12年間大統領を務め、「鉄の女」と呼ばれました。

１９３８年、ゴラ民族に生まれ、アフリカの大学で経済学を学んだ後、１９６１年にアメリカに留学し、ハーバード大学ケネディスクールで経済学と公共政策を学び、修士号を得て帰国します。

帰国後はリベリア政府や世界銀行で働きますが、クーデターを起こし第20代トルバート大統領を暗殺した軍のサミュエル・ドゥが大統領になり、トルバート政権の高官たちが処刑されると、サーリーフ氏も命を狙われる身となります。ケニアでの逃亡生活ののち、１９８５年に帰国しますが、ドゥ政権を批判したために自宅監禁されてしまいます。

その後、ドゥ政権は別の勢力に倒され、リベリアでは２００３年まで内線が続きます。20年余りの長い内戦の中で、何度も命を狙われる経験をしています。さまざまな勢力と渡り合う中で、彼女の精神は鍛えられ、何が来ても動じない強さを持つようになったのでしょう。「鉄の女」の称号はまさに彼女のためにある言葉です。

彼女が存在しているだけで、どんな苦難に合っても揺るぎない自分というものを持っていれば、乗り越えられると信じることができます。困難がおとずれても「強くなるチャンス！」と思えるのです。

男女平等やダイバーシティが叫ばれていても、女性が社会的に高い地位に就くことはまだまだ簡単ではありません。これまでは女性にとっては歯がゆい役割を演じることが求められる場面も多かったと思います。

でも、世界が大きく変化しようとしている今、女性にもこれまでとは違った役割が求められています。新型コロナウイルス感染症の世界的流行により、経済指標が低迷し、大企業が苦戦する中で、私の周りでは、独自のやり方で成長する女性起業家たちが増えています。

サーリーフ前リベリア大統領は、女性が活躍する時代の先駆けとして輝くアフリカの巨星です。政府系の通訳では守秘義務契約があり、具体的な発言内容を紹介することはできませんが、準備しているときにサーリーフ氏の言葉で印象深いものがありました。

If your dreams don't scare you, you aren't dreaming big enough.
（もし自分の夢に恐れを感じないなら、まだ十分に大きな夢を描けていない。）

革命のヒーローから史上最長の独裁者へ

一方、ロバート・ムガベ前ジンバブエ大統領は、アフリカで最も高い教育を受けた大統領と呼ばれています。在任期間は１９８０年から２０１７年まで37年、史上最も長きにわたり国家首脳として君臨し、ジンバブエ大統領の他に、アフリカ統一機構議長（第35代）、アフリカ連合議長（第13代）などを歴任しています。

ムガベ前大統領は２０１９年に他界しましたが、その功績は膨大で驚くほかありません。

１９２４年、イギリス植民地のローデシア（現ジンバブエ）で生まれます。学校の先生として働いていたときに、政治に関わるようになり、ローデシア紛争（１９６５～１９７９年）では白人政権による人種差別政策に対抗し、黒人たちをたばねて抵抗運動のリーダーとなります。１９６０年は「アフリカの年」と呼ばれ、この頃アフリカの多くの国々が独立しますが、ローデシアではかつてのアパルトヘイトのような人種差別政策をとる白人支配が続いていました。

愛せるキッチン、愛する暮らし

50代からの私らしい住まいと暮らし方

リブコンテンツ **田原由紀子**

A5判ソフトカバー●1,600円

人生の節目にキッチンを考えなおしたらこんなに心地よくなった!

本当に楽しいのはきっとこれから!　自由が丘でリフォームのプロとして600軒以上のお店を手がけてきた著者が、選び抜いた実例を通して解説する「キッチンから始まる大人の幸福論」。子供が成長、独立した後に、家でどう過ごすか、パートナーとどう向き合うか、その答えはキッチンにありました。人生のセカンドステージをより心地よく生きるヒントが詰まった一冊です。

毎日使えば願いも叶う。ご利益たっぷりの手帳です。

おいせさん手帳 2021

365日、まいにち神さま

おいせさん手帳製作委員会

文庫判ソフトカバー●1,500円

1日1ページ使えて、六曜・吉日・十二直・二十八宿・二十四節気などを掲載。

有名人にも愛用者多数「お浄め塩スプレー」で話題の大人気コスメブランド「おいせさん」が監修した、ご朱印サイズの手帳の2021年度版です。1日1ページゆったり使えて、365日分の六曜・吉日・十二直・二十八宿・二十四節気などの開運情報にくわえて、伊勢神宮での神事の予定、神社やお寺に関する様々なイベント、季節の行事などのコラムも充実。運気を引き寄せられるように毎日願いを書き込める、ご利益たっぷり“願いを叶える”手帳です。

お問い合わせ:光文社ノンフィクション編集部 tel.03-5395-8172　non@kobunsha.com

商品が店頭にない場合は、書店にご注文ください。

※表示価格は本体価格(税別)です。

ムガベ氏は、白人政権と闘い続け、１９８０年に行われた選挙で、ジンバブエ・アフリカ民族同盟を率いて大勝し、ジンバブエの成立とともに初代首相に就任します。当初、ジンバブエは議院内閣制でしたが、大統領制に移行し、１９８７年にムガベ氏が大統領に就任します。以降、ジンバブエは順調に経済成長し、教育水準が上がり、医療体制も改善され、「ジンバブエの奇跡」と称賛されます。

２０００年代以降はハイパーインフレーションが発生し、経済的な混乱が続いたことや、あまりにも長期にわたって在任したために独裁者と批判されてしまいます。とはいえ、ジンバブエを、白人による人種差別から黒人による民主主義へと導いた功績には変わりありません。

私が、ＴＩＣＡＤ（アフリカ国際会議）で通訳を務めさせていただいたときはすでに80代後半で、居並ぶ国家首脳のなかでも最長老でしたが、在任期間中の記憶の明瞭さに驚きました。国内外の歴史事象について、すべてを克明に覚えているかのようでした。その場にいて見てきたかのような詳細な記憶力に、聞く人も圧倒されていました。そこまで掌握しているのは、国を率いていく責任感の強さからではないかと思います。

サーリーフ氏とも共通しますが、植民地支配とその後の政情不安が続いたアフリカの首脳たちからは、どんなことがあっても揺らがない芯の強さを感じます。でも、国家首脳であっても、対立する勢力から攻撃されるとすぐに引いてしまう人もいます。

引いてしまう人と、そうでない人では何が違うのでしょうか。

たとえば「美しすぎる首相」と呼ばれた、タイのインラック・シナワトラ第36代首相。この方は本当にきれいな方で、国際会議でもみんな見とれていました。経営者として活躍していたためにその手腕を買われて２０１１年に首相に就任したのですが、陰では、兄で31代首相の「パペット（操り人形）」と呼ばれていました。２０１４年に軍事クーデターが起きて亡命してからは一切政治の表舞台に出てきていません。

たまたま政治家になって、国家首脳になってしまった。頼まれたことはやるけれど、攻撃されたらさっと引く、このような人もいるのです。

だから、どうしてその仕事をやっているのか、そこを考えることが大事だと思います。突き詰めると「天命とは何なのか」ということになります。そこの軸があるかないかで命をかけるかどうかも全然違ってきます。

高い地位に上れば上るほど、外からの攻撃や干渉が多くなるのです。自分が何のために生きているのか、自分が誰かを知らずして世界一になっている人はいません。自分が極めたい道、「これで世界一になるぞ」というものを見つけること、そしてやり抜く覚悟、それが大事です。

何と言われようが、長く続ける世界一もあっていい

ムガベ前ジンバブエ大統領は、まさに「生き字引」そのもので、記憶力のよさが印象的でした。責任感があるから細かいことまで記憶していられるのかもしれませんが、記憶力がいいこと、それ自体が強みになると言えます。

「独裁者」ということも聞いていたので、どんな怖い人かと思っていましたが、実際に会ってみたら、気のいいおじいちゃんという感じで、「え！　このやわらかい感じのおじいちゃんがアフリカ一の独裁者？？？」と驚いてしまいました。

ハイパーインフレで、７００万人の国民が困窮していても、王侯貴族のような贅沢な生活をしていたということなので、見た目の印象だけで一概には言えないのですが、何と言われようとも、彼以上に人生のすべてを捧げてジンバブエのかじ取りを

し、国政の隅々まで知り尽くしている人はいないと思います。誰もかなわないのです。

だから、自分が関わる分野のことに知悉し、良いも悪いもすべて飲み込み、その場に長く居続ける、それも世界一の一つのあり方なのだと思います。

「でも、今の日本で、サーリーフ氏やムガベ氏のような壮絶な体験はできないし、どうしたら存在感を持てるようになるのかわからない」という方もいるでしょう。

そんな方は、ぜひ、「憧れの仕入れ」のアンテナを高めてください。

1章でも紹介した健康・予防医学医師のアイザック・ジョーンズ氏は子どもの頃ADHD（注意欠陥・多動性障害）で、高等教育は受けられないだろうとまで言われていました。後になって、原因は薬や食習慣にあったことがわかり、それを改善したことで心身の健康を取り戻し、社会的な成功をおさめるまでになったのですが、彼が憧れ、意識していたのはイエス・キリストだったそうです。

アイザック・ジョーンズ氏は、毎日のヨガやエクササイズのときに、イエス・キリストのように、世界の人々を救いたいと思い浮かべていたと言っていました。その後の彼の存在感は、多くの方が知る通りです。

一朝一夕で存在感を高めることはできないにしても、憧れを抱き、ロールモデルとして設定し、いつも頭に思い浮かべることは大切です。もし、そこまで尊敬できる人が見つけられないとしたら、視野を広げるためにいつもと違う経験をしてみてください。いつもと違う本を読むことから始めてもいいし、いつもと違う映画を見たり、講演を聞いたりしてもいいと思います。

　自分とは違うすごい人に会うのもいいでしょう。そのときに、違和感があるかもしれません。「自分と彼・彼女は違う。あの人はたまたま運が良かった。才能や環境に恵まれていた。自分にはとても無理」と思うかもしれません。そこまで強く憧れる「ロールモデルがいない」と思うかもしれません。実際、英語講座やトレーニングでもこういった相談を受けることが多々あります。

　でも、それはあなたをいつもと同じ安全地帯にいさせようとするLittle Voice（邪魔するノイズ）のせいかもしれません。

Get out of your comfort zone.

安全地帯から一歩外に踏み出すのです。安全地帯から出たときにしか、成長はないし、成功もありません。

02 人の行動を変える世界一の講演家はここがすごい！

ミッションを完遂するために1ミリも妥協しない交渉力

世界ナンバー1コーチ

アンソニー・ロビンズ

特徴

最高のセミナーにするために生存本能がオンになる環境をつくることを徹底

ポイント

【世界一】
自分の基準に相手を合わせさせ、最良の環境で最良の結果を出す。

【凡人】
相手の基準に合わせて、妥協した環境で妥協した結果しか出せない。

エピソード

日本初のセミナーで、アメリカから特別な大型エアコンのレンタルを主催者に依頼。そのためのコストだけでも数億円。それでも、要求を通すだけの交渉力がアンソニーにはある。人に変化をもたらすのはぬくぬくとした生ぬるい環境ではなく、寒い中で生き延びるために生存本能をオンにしたときだから大型エアコンが絶対必要と主張する。
『一瞬で自分を変える法』『アンソニー・ロビンズの運命を動かす』（ともに本田健訳、三笠書房）など著書多数。

BOOKS

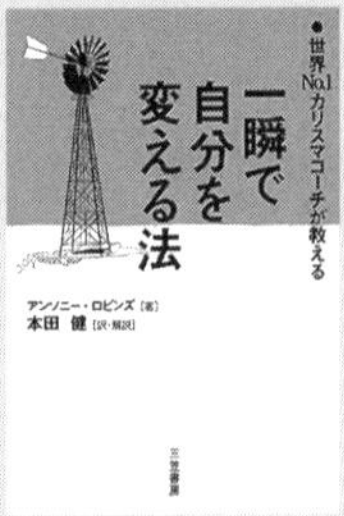

BOOKS

なぜロビンズは空調のコンディションにこだわるのか

２０１４年、アンソニー・ロビンズが日本で初めてＵＰＷセミナーを行ったときのエピソードを紹介します。

アンソニーのセミナーは、スピーカーが一方的に話すタイプの一般的な講演会とはまったく違っています。コンサートホールのような広い会場で、音響や演出はロック・コンサートさながら、参加者もグループワークに参加したり、音楽に合わせて歌ったり踊ったり、じっとしている暇がありません。トイレや食事の休憩時間もないまま半日セッションが続いたこともあります。大声で叫んだり、感動に涙したり、息つく暇もないジェットコースターのような演出で、１日12時間以上、３〜４日も続く、とんでもないセミナーです。

このＵＰＷセミナーを東京で開催することが決まった直後、大変なことが発覚しました。日本には、６０００人を収容できる会場で、気温18度という温度を保てる施設がなかったのです。

高性能の空調機器があるかと探したところ、日本にないことがわかり、アメリカにある空調機器をレンタルするしかないということになりました。その費用はなんと億越え！　３日間のセミナーのために講演会費用も含めて4億円かけて空調機器が空輸され、実現できた６０００人セミナーだったのです。

妥協せずに、ベストな環境でベストな結果を出す。これが世界ナンバー1コーチ、アンソニー・ロビンズのセミナーです。アンソニーには、自分のセミナーの質を下げるという選択肢はありません。最高の環境を実現するために、主催者側はあらゆる条件をのむことになります。日本側の主催者には「そんなややこしいことを言うなら、やらない」という選択はないのです。

ふつうのセミナー講師だったら、「日本で開催できるならどんな会場でもいいです。そちらの条件に合わせますよ」となるところです。でも、そうはならないのがアンソニー・ロビンズです。

「生存本能がオンにならないと人間は変わらない。暖かいところでぬくぬくしていると生存本能はオンにならない。寒くてブルブル震えるような環境で生存本能がオンになる環境をつくらないとセミナーは成功しない」

これは、アンソニーが何百回もＵＰＷセミナーをやってきて、大勢の前でパフォーマンスを行ってきて、実証済みなのです。

交渉というと、テクニックのことを思い浮かべるかもしれませんが、アンソニーの交渉力からは、テクニックよりも、「何をやるべきか」に対する信念があることがわかります。

一流のシェフに料理をしてほしいなら「包丁を用意しろ」ということです。

アンソニーが世界ナンバー1コーチたる所以《ゆえん》は、アンソニー個人の能力や存在感だけではなく、会場の設備を含む演出まですべて考えて最高の場を提供するところにあります。音響、照明、会場の温度の管理まで、何千人もの参加者が同じように「人生を変える」体験ができるようにベストな状態を目指し、すべてが一体となって出来上がっているのです。

会場で使われる音楽も、セミナーの内容に合わせて、何千曲もあります。そのときの公開コーチングの内容に合わせて音楽や照明も変わります。歌詞付きでみんなで歌う曲もあります。

音響、照明からマイクランナーまで、会場スタッフは全員全力投球です。これが世界一の「基準を上げる」ということです。アンソニー以下すべてのスタッフが最高のセミナーにするために高い基準を目指して全身全霊で取り組むから、「人生を変える」体験になるのです。

実は、アンソニーも最初は、そこまで空間プロデュースにこだわっていなかったそうです。でも、あるコンサートに行って感銘を受け、自分のセミナーでももっと基準を上げていこうと考えるようになったのだそうです。

トータルな空間プロデュースを行うようになってからは、何か一つでも欠けるようなことがあれば、そこではセミナーを行わないことにしているそうです。世界ナンバー1コーチが基準を下げるということはないのです。

世界一はベストなパフォーマンスを出すための環境づくりをおろそかにしないのです。

交渉力の真髄とは

アンソニーの世界一の交渉力から、自分が１００％の条件をのませたいなら、相手がそれでも頼みたいというところまで、あなたじゃなきゃダメというところまでいくことが重要だとわかります。

それは、自分がOutstandingになれる分野で、他の人には提供できないものを提供できるようになればいいということです。コンマ数ミリ、コンマ数秒でもいいから世界一になれば相手が自分の求めるものをすべてのんでくれるのです。自分しかそれを提供できる人がいないのであれば、押したり引いたりの駆け引きをする必要もなくなります。メリットトークをして、相手の立場を理解して……という基本的な交渉のノウハウも必要ありません。

世界一の交渉には、「妥協」の文字はないのです。

だから、アンソニーは「どんなにニッチなマーケットでもいいから、Outstandingになりなさい」と言います。「妥協しない」というと、上から目線に感じられるかもしれませんが、世界一の価値を提供するためには、不可欠の条件であれば、それが欲しい相手はのむしかないのです。自分がずば抜けた存在になってしまえば交渉という概念すらもいらなくなるということです。

揺るぎない交渉力を持つためには、報酬の逆ピラミッドを理解し、自分がまだGood、Great、Excellentのレベルであれば、早くOutstandingになることを目指しましょう。

交渉力とは、結局のところ、提供する価値の問題なのです。
あなたの価値を上げてしまえば、交渉力は最強になります。

自分の価値を上げるために大切なのが、「どこに身を置くか」です。たとえば、私の場合、バイリンガルの人が30人いるところに行っても価値はありません。でも、英語がまったくわからない人が30人いるところで、外国人と英語でコミュニケーションを取らなければならないとしたら、私の価値は高くなります。つまり、

Take yourself to where your value is appeared the most.

（自分の価値が一番高くなるところに自分を連れていく）

ということです。

自分の本当の価値がどこにあるか分析できていれば、どこに行けば一番高く売れるかがわかります。一番高く買ってくれる人に話を持っていきましょう。

会社員であったり、自営業でも駆け出しの段階であったりすれば、どこなら自分がニッチの一番になれるのかを見極めましょう。それには、常に自己分析をしていく必要があります。自分を知らないで成功する人はいません。

もし、高く買ってもらえないなら競争を起こしましょう。仕事の依頼が少なかったら、それを受けざるをえないかもしれませんが、仕事の依頼がたくさんあれば、安い仕事は断って、高い仕事を受けることになります。それでもあなたに仕事を頼みたいのであれば、相手は値を上げてくるでしょう。

自分がその分野で名を知られ、信用されるようになると、依頼してくる人が増えて、値段が上がって、交渉力も高まってきます。

ここでお伝えしたいのは、押したり引いたりといったテクニック中心の「交渉術＝Tactics」ではなく、「交渉力＝Negotiating Power」を高めることを目指してほしいということです。あなたの提供する価値が類まれなものになると、テクニックは必要なくなるのです。

ちなみに「交渉術」とは、相手の心理に訴えるように意図的に相手の気持ちを操作するようなテクニックで、相手からより良い条件を引き出そうというニュアンスがあります。一方、自分の圧倒的な価値を欲しがっている相手が、こちらの条件をのみたくなるような圧倒的な立場があるときに効果があるのが「交渉力」です。

アウトスタンディングになるためには？

自分を知る。ニッチを見つける。その中で一番になり、圧倒的な価値を提供する。交渉力はそれを達成すれば勝手についてくるものです。

ニッチが狭いほど、一番になるのは簡単です。多くの人は誰もが知っているようなメジャーなところに向かいたがりますが、それが失敗の根源ともいえます。他人と同じことをやっても世界一の成功者になることはありません。「みんな違っていい」のです。

たとえば、事務職の方であれば、伝票整理の速さと正確さで世界一を目指すでもいいし、公務員の方であれば、市役所を訪れた人を笑顔で迎え、住民を幸せにする世界一を目指すでもいいと思います。何か特産品があれば、その特産品で世界一を目指すのもいいと思います。

とにかく自分にしかできないニッチを見つけてOutstandingになれれば何でもいいのです。誰も目をつけていない目新しいものでもいいし、今自分が仕事をしている身近なところから考えてもいいと思います。

人間は、過去の実績で判断する生き物なので、今の自分に近いところからニッチを見つけるほうが、安心感があると思います。でも、過去＝未来ではないので、過去の実績通りがベストとも限りません。イーロン・マスク氏のように、自分でやった経験がなくても、電気自動車の会社をつくったり、宇宙船の設計図を描いて宇宙開発の会社をつくってしまう人もいます。地球環境問題のような大きな課題から考えて実行していく人もいるので、過去の実績にとらわれる必要はありません。自分がOutstandingになる方法も、自由に考えていいと思います。

ただ、多くの人は、自分が一番になれるニッチ市場について考えたこともないのではないでしょうか。だから、まずはその質問をしてみることから始めてみてください。一度では見つからないかもしれません。何度でも自分で自分に問いかけてみてください。そして、「これ！」というものが見つかったら、「こそ練」をしましょう。

You are rewarded in public for what you have intensely practiced and refined.
（人が賞賛するのはあなたが「こそ練」をしてきたことだけ）

これはアンソニーの言葉です。いくら生まれ持った資質や才能に恵まれていても、練習しないでオリンピックで金メダルを取れる人はいません。一足飛びに世界一になれなくても、何をどうやったら世界一を目指せるか、その道筋が見えるところまで行けたらもう大丈夫です。後は、自分の世界一に向かって進んでいくだけです。

一番成功できる場所に自分を連れていこう

自分がOutstandingになれるニッチが見つかったとして、その道半ばで思うように進まないとき、うまくいかないとき、行き詰まっていると感じることもあるかもしれません。そんなとき、二つの考え方があります。

一つは、「どんな状況だったとしても、最善の行動をしていたときに道が開ける」という考え方です。ただ、自分で決めたこととは違う理不尽なことがあったり、自分で決めた方向性からぶれてしまう場合は、軌道修正が必要です。

そのときは、もう一つの考え方として、「一番成功できる場所に自分を連れていく」ことを考えてみてください。自分が本当に好きなこと、心からやりたいことのほうが、無理なく続けられるし、集中できて、早く成功を手にすることができます。

たとえば、後述する世界一のお金の教育者、ロバート・キヨサキ氏。彼が最初に起業したときには、サーファー用のマジックテープのお財布を製造・販売して、大ヒットしました。最初はすごく売れたのですが、その後すぐに在庫過剰になって、借金を抱えて会社をたたまざるをえなくなってしまいました。その後自分と向き合って考えて、起業そのものよりも、教育のほうが向いていることに気づき、お金の教育書『金持ち父さん　貧乏父さん』を書いて大ブレークしました。その後の成功は皆さんもご存じの通りです。

　また、全米ナンバー1の人気対談番組で知られるオプラ・ウィンフリー氏も、最初はニュース番組のアンカー（キャスター）でしたが、ニュース原稿を読む仕事では芽が出ませんでした。報道という場では、彼女は感情的すぎたのです。その後、日本でいう『徹子の部屋』のような対談番組に出るようになり、彼女のオープンな感情表現が存分に発揮され、トップに立つことができたのです。

　私の場合で言うと、会議通訳としては個性を発揮できませんでした。感情表現が大きすぎて「通訳なのに目立ちすぎ」と上司に怒られていたのです。アンソニーのＵＰＷセミナーの同時通訳をきっかけに、セミナー通訳になってからは評価が大逆転して、「感動した」「伝説的通訳だね」と称賛をもらえるようになったのです。さらに、通訳からスライドして、英語を教える事業で起業し、そこに成功哲学をプラスしていったことで、受講生が成功を手にするようになり、他にはない価値を提供できるようになっています。

だから、思うように前に進めないときは、自分の得意・不得意を書き出してみて、自己分析をしてみてください。不得意なことは、多くの場合、裏を返すと強みになるものです。自己分析を掘り下げていって、本当に好きで得意なことから自分だけのニッチを見つけて、早くその場所に自分を連れていくと、Outstandingになれると思います。

自分だけのニッチな得意分野を見つけると、世界一は近づきます。

世界一の寛大な心
根底にある、善悪で判断しない中立さ

人間行動学の世界的権威

ジョン・ディマティーニ

特徴

善悪で判断しない寛大な心

ポイント

【世界一】
肩書きなどに関係なく人を大切にする。

【凡人】
自分にメリットがある人だけを大切にする。

エピソード

40分用意された事前説明時間が不要になったときに、「40分は君の時間だ。個人的な質問でも何でも聞いてくれ」と言って全力で私の質問に答えてくれた。
『Dr.ディマティーニの最高の自分が見つかる授業』（岩元貴久・竹井善昭訳、フォレスト出版）、『ザ・ミッション 人生の目的の見つけ方』（成瀬まゆみ訳、ダイヤモンド社）など著書多数。

BOOKS

BOOKS

学習障害を乗り越えて成功を収めた

ディマティーニ博士は、通訳の依頼を受ける前から憧れの人でした。２００６年に公開された『ザ・シークレット（The Secret）』という映画に登場する20人の一人で、「すごくすてきな人だな〜」と思っていたのです。

映画のタイトル「The Secret＝秘密」とは、世界中のさまざまな宗教や古代エジプト文明などに共通する「引き寄せの法則」のことです。「思考そのもの」を変えることで現実を変えることを目指す積極思考（ポジティブ・シンキング）を主題としています。映画に登場する20人は講演家（モチベーショナル・スピーカー）や、心理学や神学、哲学、金融、量子物理学、医学などさまざまな分野の専門家で、自らも「引き寄せの法則」で奇跡を体験している人たちです。

映画をもとに書かれた書籍『ザ・シークレット』（角川書店、２００７年）は世界２０００万部のベストセラーになり、私も何度も読み、オーディオブックも繰り返し聞いていました。

だから、ディマティーニ博士が来日し、通訳を任せてもらうことが決まったときには天にも昇る気持ちでした。

ディマティーニ博士は、子どもの頃は学習障害があると言われていて、学校でもバカにされたりいじめられたり、辛い思いをしていたそうです。14歳のときにヒッチハイクでアメリカを旅して、サーファーとして生きていく夢を追い求めてハワイに渡ります。ハワイではジャンクフードを食べて、一日中サーフィンをして、夜はハイになるキノコを食べて……といった生活を続けていたそうです。

あるとき体を壊して、「ヨガをするといい」と言われて出会ったヨガ教師に導かれて、自分が本当にやりたいことに目覚め、故郷の両親のところに戻ります。

そして、高校卒業の資格を取る試験に合格し、大学に進学します。子どもの頃は学習障害があるから大学には行けないと言われていたそうですが、人生で自分がやりたいことに目覚めたときから、勉強に目覚め、学習障害を乗り越えて大学ではみんなが教えを乞うほど優秀な成績をおさめるようになったそうです。

彼自身が「奇跡の人」なので、実物はどんな人なのだろうとわくわくしながら、打ち合わせの部屋でディマティーニ博士を待っていました。

さて、講演会の打ち合わせをしようという段になって、その日の講演はすべて会場からの質問に答えるかたちだったので、講演資料もなく打ち合わせが不要なことがわかりました。するとディマティーニ博士は、打ち合わせの時間を使って、私の個人的な質問に答えてくれると言ってくれたのです。世界中で講演会をしている忙しい人なので、空いた時間に自分の仕事をしたり、ゆっくり過ごしたりしてもいいのに、「どうぞ、何でも聞いて」と言ってくれたことに感激しました。長年通訳をしていますが、ここまで言ってもらえたのは初めてでした。

それで私は思いきって、同時に悩んでいたことを聞いてもらいました。

当時は英語講座を始めたばかりで、講師を務めるときは目いっぱい明るく振る舞っていたのですが、趣味のダンスでは、人とコミュニケーションもせず、むすっとした感じで振る舞っていて、「先生」と呼ばれる人間として、恥ずかしいことではないかと思っていました。実はその前に通っていたダンススクールで、ちょっと面倒なことがあって、それ以来、ダンスのレッスンに行くと一言も話さない二重人格のような行動をしていたのです。ダンスのレッスンに行っても誰とも話さないで練習だけして帰ることについて、どうしたらいいか聞いてみたのです。

そんな私の悩みを話すと、ディマティーニ博士は、

That’s absolutely fine. I myself don’t talk when I don’t want to.

（いや、いいんだよ。そんな時間があったって）

と優しく答えてくれました。「僕だって誰とも話さないこともあるよ」という彼の言葉に、ふわっと気持ちが軽くなって、それまで悩んでいたことも消えてなくなるようでした。

また、当時は英語講座を始めてからあまり間がなくて、英語学習に関する相談事にどう対応したらいいか頭を抱えることもありました。英語の勉強に関する個別コンサルも行っていたのですが、有償サービスを無償で受けられると勘違いしていろいろと相談してくる方もいて、「ここからは有償です」ということがはっきり言えなかったのです。教える立場でありながら、英語の悩みに答えないのは心苦しいし、どうしたらいいか対応に悩んでいたのです。

それについても「いいんだよ。断るべきときは断って」と言われて、霧が晴れたような思いがしました。

宇宙にはポジティブもネガティブもない

彼は子どもの頃、学習障害で成績も悪くて、ホームレスでヒッチハイカーでサーファーでしたが、その後メンターに出会ってからの彼は学習障害を乗り越えて自らの人生を切り開いてきました。

ディマティーニ博士の人生自体が軌跡の連続で、彼が人生をかけて学び、構築したディマティーニメソッド®から、私自身も多くを学ばせてもらっていました。

私は10代の頃から男性不信があったのですが、ディマティーニ・メソッド®で分析してみました。そうすると、その原因は、母親の再婚相手に対する恨みの気持ちにあることがわかりました。「母が父と別れることになったのは、あの人のせい」「あの人は再婚後も身勝手な行動で母を苦しめた」と恨む気持ちは他の男性への不信感となっていたのです。ディマティーニ・メソッド®を続けていたら、あるときその恨みの気持ちから解放されて、感謝の気持ちに変わったのです。

起きた出来事に良いも悪いもないし、良い人間も悪い人間もいないのに、良い・悪い、ネガティブ・ポジティブと意味づけをしていたのは自分自身だったのです。ディマティーニ博士は、すべての事象はニュートラルだし、自分自身もニュートラルでいることが大切としています。

ディマティーニ・メソッド®の良いところは、今感じている嫌な気持ちを克服するために、嫌なことを追体験しなくてもいいところです。古典的な精神分析の方法では、精神疾患の原因となった嫌な体験を思い出して、追体験して意味づけを変えます。でも、追体験でよりトラウマが深くなって、そこから抜け出せなくなってしまうことも少なくありません。

ディマティーニ・メソッド®の場合は、思い出さなくていいのです。自分が受けた外部からの刺激と、自分自身の反応との距離を保ちながら、最終的に感謝を選ぶように導いていきます。それによって、トラウマとなった悲惨な体験すらも感謝に変えることができるのです。

ディマティーニ・メソッド®では、質問に対して回答を書いていくだけで、感情のわだかまりが解消されて感謝に変わっていきます。その中核となるのが、「中立」「バランス」です。人間はポジティブ、ネガティブ、プラス・マイナス、いつも何かに意味づけをしています。でも、この世に存在するすべてはそもそも中立です。争いが起きたり、苦しみが生まれたりするのは、人間が意味づけをするからです。

私は、この考え方に触れ、

There is nothing good or bad in the universe. The universe is neutral.

(宇宙には良いも悪いもなく、中立である)

ということが腹落ちし、自分自身が普遍的価値につながるのを感じ、辛い経験にも感謝する気持ちが湧き上がってきました。

ディマティーニ博士と向き合っていると、「神」というのはこういう存在なのかなと思ってしまいます。彼自身が何か別次元のエネルギーとつながっていて、そのエネルギーに触れると、私も宇宙のほうから自分を客観的に見ることができて、悩んでいることに対しても道が開けると感じられるのです。

03 世界一のビジネス指導者はここがすごい！

病気になっても弱さを見せずに講演をやり抜く強《きょう》靭《じん》さ

営業の神様、世界一のコンテンツホルダー

ブライアン・トレーシー

■ 特徴　年齢を重ねても変わらずすばらしい講演で聴衆を魅了

世界一のお金の先生、4000万部ベストセラー作家

ロバート・キヨサキ

■ 特徴　病気になっても弱さを見せずに講演をやり抜く強靭さ

■ ポイント

【世界一】
言い訳なく最後まで貢献し続ける。

【凡人】
すべてを言い訳にして行動しない。

BOOKS

■ エピソード

■ ブライアン・トレーシー
椎間板ヘルニアで首が90度以上回らなくなっても世界中を飛び回り、自分の英知を共有し続け社会貢献し続ける。『新版カエルを食べてしまえ!』（門田美鈴訳、三笠書房）など著書多数。

■ ロバート・キヨサキ
講演会直前に肺炎になって、医者に「死ぬかもしれない」と言われながらも、日本人に目覚めてほしいと登壇。『金持ち父さん貧乏父さん』（共著、白根美保子訳、筑摩書房）など著書多数。

BOOKS

完璧な紳士、完璧なビジネスパーソン、それがブライアン

ブライアン・トレーシーは、アメリカで最も著名な講演家・ビジネスコンサルタントの一人です。カリフォルニア州サンディエゴに本拠を置く人材養成会社、ブライアン・トレーシー・インターナショナルの会長兼ＣＥＯで、ＩＢＭ、モービル、バンクオブアメリカ、クライスラー、コカ・コーラなど、フォーチュン５００に入る有力企業のうち２００社以上の人材育成に関わってきました。

ブライアン・トレーシー・インターナショナルは、世界46カ所に支社があり、そのプログラムは55カ国５００万人以上が受講する超人気コンテンツとなっています。

ブライアン・トレーシーの著書は、何十冊もありますが、彼の言わんとするメッセージが一番詰まっているのが『カエルを食べてしまえ！』（ダイヤモンド社、２００２年）です（原題は『Eat that flog!』）。

「世界一のコンテンツホルダー」と呼ばれ、人間が成果をあげるために必要な知識を勉強し、それを世の中に出していった人です。著書も講演の数も膨大ですが、それを

可能にしているのが彼の自己規律に対する考え方です。

彼の基本的な考え方は「早起きをして、自分が究めたい分野の本を毎日30分読め」というものです。それを10年続ければ、誰でもその分野で一流になれるとブライアンは言います。彼自身がそうやって自己管理をしてきているから世界一のコンテンツホルダーになったのです。

この分野の本を書こうと決めたら、きちっときちっと勉強し、講演で語るにしても本質を突いた内容をわかりやすく語ります。そのなかで『カエルを食べてしまえ！』には重要なエッセンスが詰まっています。原題のEat that flog!は「嫌なことだけど、一番重要なことを真っ先に片づけてしまえ」という意味の慣用句です。

要するにブライアンは、人生においてやりたくないけど、やらなければならないことを、後回しにしないで真っ先にやってしまえということを説いているのです。単純なことのようだけれども、これがけっこう難しいことは誰もが知っているのではないでしょうか。

机に向かうと、どうでもいいメールの返信をしてみたり、急がなくてもいい電話をしてしまったり、重要でないことに時間を使ってしまいます。つまり、この本でいうカエルというのは一番大事なことなので、それを食べるまでメールの返信もしないし、電話もするな、ＳＮＳもＹｏｕＴｕｂｅもチェックするなということなのです。

毎日、嫌なこと、やりたくないことは一番に終わらせること。

ブライアンは、これを実行するコツをわかりやすく紹介しているので一部を紹介します。

Plan every day in advance.
前もって一日の計画を立てなさい。

Practice creative procrastination.
創造的なことは後からじっくり取り組もう（細々としたことや急ぎの仕事を片づけたら、じっくり取り組むべきものに着手して完成させよう）。

Focus on the key result areas.
カギとなることに専念しよう。

Follow the law of the three major works.

3大主要タスクの法則に従おう（仕事がたくさんあるときは、重要度が高く得意なこと3つに絞り込み、ほかのことは人に任せたり外注したりして、やめてしまおう）。

Prepare thoroughly before you begin.

始める前に周到に準備しよう（あらかじめ、最も効率的にできる方法を考えると完成度が高くなる）。

Slice and dice the task.

仕事を細切れに分割してみよう（重要なのになかなか取りかかれない仕事があるときは細切れにして一つひとつ仕上げて達成感を味わいながら進めるとよい）。

他にもブライアンの本はたくさんありますが、私がもう一つお勧めしたいのは、彼の1時間くらいの講演をじっくり聞くことです。話の構成の仕方やわかりやすい話し方から、彼のすべてがにじみ出ています。

ＹｏｕＴｕｂｅには、ブライアンの講演動画もたくさんあるので、見ていただければわかりますが、見た目の通り、上品な紳士です。言っていることとやっていることが一致している「有言実行」の人です。

通訳の仕事では、著名人の舞台裏の顔も垣間見る機会が多いのですが、世界的に著名な方々のなかには、表舞台の顔と舞台裏でスタッフと接するときの顔がまったく違う人も少なくありません。表舞台で受講者に「こういう態度で人と接するのは良くない」と自分が教えているにもかかわらず、それをやってしまう人間らしさが見えることもあり、「人間だからそんなものかな」と思うのですが、ブライアンは聖人君子そのもので、いつどんなときでも高貴な人間性がにじみ出ています。

社交の場ではお酒を飲むこともありますが、上品で節度ある態度を崩さず、羽目を外すことはありません。ブライアンの紳士的な上品さは際立っています。

肉体は衰えても、魂は輝きを増していた

私がブライアンと初めて会ったのは、日本講演のときでしたが、依頼を受けてから毎日講演動画を見まくって準備していました。ブライアンは、特にスピーチの評価が高く、アメリカ４０００人の講演家で構成される「National-Speakers Association」

の５大スピーカーの一人にも選ばれています。英語はシンプルできれいな発音で、文法的にも正確そのもの。通訳にとってはすごくありがたいスピーカーです。

動画を見ながら毎日通訳の練習をして数週間、いよいよ本人と会うことに。打ち合わせのために控室でお会いしたのですが、目の前のブライアンの姿に、愕然としました。動画の中ではパリッとした紳士そのもの、俳優としても活躍できそうなほどハンサムなブライアンが、完全に老人の姿、「おじいちゃん」になっていたのです。

それを見て一瞬凍りついてしまいました。「この体で、本当に講演ができるの？」と不安になったほどです。実際に、檀上で立っていることができず、座って話しはじめました。

「大丈夫かな、途中で倒れたりしないかな」と通訳の私も不安になるほどでしたが、ひとたび講演が始まると、動画で見たあのブライアンに戻っていました。一言発した途端、会場の空気が変わったのが通訳ブースにも伝わってきました。

そのまま聴衆を魅了し続け、１時間の講演があっという間に感じられました。よぼよぼの老人が話しているとはとても思えない、すばらしい講演でした。外見の衰えは隠せないものの、目をつぶって聞けば元気な頃のブライアンそのまま、感動で胸が震えました。

講演が終わって、主催者や通訳の私も同席しての食事会の席で、詳しい事情を聞かせていただきました。実はブライアンは、２０１５年に椎間板《ついかんばん》ヘルニアで、首が左右それぞれ45度ずつしか動かなくなっていたのです。手術後一切の運動が禁じられたために筋肉も落ちて、すっかり体が衰えてしまったそうです。飛行機で長時間のフライトも心配されるなか、すばらしい講演をやり遂げたブライアンにまたまた感動させられてしまいました。

体が不自由になっても、世界中を飛び回って目の前の聴衆のために全力を尽くす、その心意気のすばらしさはどうでしょう。入れ物である肉体は傷んでも、魂は以前にも増して輝いているようでした。

武道に親しみ、日本と縁の深いブライアンの半生

ブライアンの魂を輝かせているものは何なのでしょうか。ブライアンの話が面白いのはなぜなのでしょうか。彼はやると決めたことを徹底してやる、それを積み重ねて

きた人です。調べて勉強して、決めたことをしっかりとやって成果を出してきた人です。それを半世紀以上続けてきたのです。

彼のキャリアは肉体労働者から始まっています。高校を中退して、工事現場などの仕事からスタートし、そこからキャリアアップするために、営業という競争の厳しい仕事に飛び込みました。「どうしたら売れるか」「顧客から信頼されるか」「売れ続けるか」ひたすらそれを考えて、営業の仕事を極めていって、世界一の講演家・ビジネスコンサルタントになったのです。

ブライアンのメソッドの中に、「I like myself. 私は自分が好き」を１００回言うトレーニングがあります。それを自分自身でもやって、次に部下にもそれを言わせます。自己肯定感なくして営業の仕事は務まらないのです。

営業の仕事で成果を上げて会社で高い評価を得るようになった20代の頃、ブライアンは、全米で一番売上げが上がらない支社の教育を任されることになりました。

そこで彼がやったことは、営業職の社員の机を全部捨ててしまうことでした。営業の仕事は顧客に会うことなのに、その支社ではみんな机で調べ物をしたり、会議と称して無駄なおしゃべりをしたりといったことを繰り返していたのです。

さて、机がなくなったオフィスで、営業社員たちはどうしたでしょうか。机がないので、みんなしぶしぶお客さんのところに行きます。そこで最初は「ノー！」と言われます。でも、２人、３人……10人と訪問しているうちに「イエス」が出てきます。売上げというのは確率統計だから、見込み顧客を訪問し続ければ、一定の確率通りにイエスが取れるのです。

その法則がわかってくると、営業社員はみんな喜んでお客さんに会いに行くようになり、全米最低の支社から全米トップの支社になりました。

このように敏腕のブライアンですが、売上げ数字の亡者ではありません。部下を罵倒することなどは一切なく、不偏不党で紳士的です。こんなに世界中の人たちに尊敬されているのに、謙虚で、つつましやかでさえあります。その変わらなさは達観し「悟り」の境地にいる聖人のようです。「自分の魂の使命に沿って生きている人というのはこういうものなのかな」と思います。

ブライアンのキャリアにおいて大事な経験の一つに、日本の自動車メーカーとの仕事があるそうです。そのメーカーの北米での営業を担当していて、日本人と一緒にがんばった経験を話してくれました。

これは私の推察ですが、ブライアンの「言行一致＝congruence」は、日本の武道家に影響を受けたものではないかと思います。

幕末明治に活躍した剣術の達人で政治家の山岡鉄舟は、言っていることとやっていることが一致していること、つまり「知行合一」がモットーだったそうですが、ブライアンもそういう人間でありたいと思って生きてきたのではないかと感じました。実際、長年空手をやっていて、そのために何度か来日したこともあるそうです。武道の稽古のように粛々と研鑽《けんさん》を積み、講演家として芸術的で感動的なレベルにまで達したのではないかと思えるのです。

聖人君子とは真逆の激情家、ロバート・キヨサキ

同じく何があっても講演をやり遂げる強靭さを感じたのが、世界のお金の教育者、ロバート・キヨサキです。でも、彼はブライアンとは真逆の激情家。ギリシャ神話の神、ゼウスのように超短気です。講演会場でかわいい女の子が最前列にいるとニコニコしているし、気に入らない質問だと烈火のように怒り出し、下品な言葉も飛び出し

ます。

日本人の講演家として知られる本田健さんと対談で大喧嘩したこともあります。本田健さんが、好きなことをしてお金を稼ぐ「ハッピーマネー」という持論を語ったところ、「何ふざけたことを言っているんだ」と言い出して、対談の場を凍りつかせてしまいました。

「神が俺にやらせるべきと思ったことをやって初めて成功できる。自分が好きなことをして稼ぐなんて甘っちょろい考えじゃダメだ。俺はそういうのは大っ嫌いだ！」と怒鳴ったのです。本当にびっくりしました。本田健さんが穏やかな性格で、何事もなく済んだのが奇跡のようでした。

こんな激しい気性のロバート・キヨサキ氏はいったいどんな人なのでしょうか。

彼は教育熱心な家庭で育ちました。それもそのはず、父親は大学院を出て博士号を持っている、ハワイの教育界のトップでした。知的な日系アメリカ人を代表するような人です。

教育が第一の家庭で、ロバート本人は、お金持ちの白人が通う学校に行っていました。10代の頃の親友のお父さんがホテルのオーナーで大金持ちだったことから、教育者だけれど、親友のお父さんとは程遠い貧乏な自分のお父さんと比べて、「どうしてお金について学校で教えてくれないのか」と疑問を持つようになったそうです。

それで、大金持ちの親友のお父さんの会社に行って弟子入りさせてもらって、「お金を稼ぐというのはどういうことなのか」と教えを請うたのです。その成功哲学を学ぶなかで、自分の家庭とはまったく違う価値観を学んでいきます。

海兵隊に入って、除隊後は起業し、サーファー用のマジックテープの財布を開発して売れに売れ、大成功を収めます。ところが、在庫管理で失敗して翌年にはそのビジネスは破綻してしまいます。

倒産の経験から、もっとお金について学ぶ必要があると考え、彼の師匠のキース・カニングハム氏をモデルに『金持ち父さん　貧乏父さん』を書きました。その本が大当たりして世界的ベストセラーになり、お金の教育を行うようになったのです。

一番輝ける場所に自分を連れていく

ロバートは講演で「結局、僕は起業家としては成功しなかった。でも、教育では成功した」と語っています。だから、「自分が一番成功する場を自分に与えてあげることが大事なんだ」と言っていました。

これは、先に述べたオプラ・ウィンフリー氏も同じです。彼女も、ニュースキャスターとしては失敗しました。ニュース原稿を読むのに感情移入しすぎて、「アンカーとしてなっていない」と大バッシングを受けたのです。ところが、トーク番組では大好評になり、全米ナンバーワンの人気番組の司会者となりました。さらに、自分の放送局を持ち経営者としても成功します。

彼女のストーリーからも、自分の才能が何かを明確にして、それが一番輝く環境を整えることが大事なんだということがわかります。

「あなたが一番輝ける場に自分を連れていきなさい」ということです。

これもまたブライアン・トレーシーと真逆なのですが、ブライアンが平和国家で城壁も武器もないお城に住んでいる王様だとしたら、ロバートは攻撃されることに備えて、高い城壁をつくって武器や兵隊を揃えて鉄壁の守りを固めているお城に住む王様。

つまり、腕利きの会計士と弁護士を雇って、どこからどんな攻撃を受けても撥ね返せるようにしているのです。そのチーム・ロバキヨも、民主的なリーダーの下、連携プレイをしているという感じではなくて、リーダーであるロバキヨが有無を言わさず、動かしています。

ブライアン・トレーシーや本田健さんのような精神性を大事にしている人についていくほうが、安心感があります。それに対して、ロバートについていくには緊張感でピリピリしながらやっていかなければなりません。

完全に真逆なのですが、どちらも強靭さという点では破格です。

あるとき、ロバートは、日本講演の直前に持病の肺炎が悪化してしまい、医師からは「そんな状態で登壇して1時間2時間もしゃべったら体がもたない。死んでも責任は取れない」とまで言われたことがありました。登壇の直前までフラフラだったのですが、ひとたび檀上に上がれば、元気いっぱいエネルギッシュに講演をやりきり、拍手喝さいを浴びていました。

どうして、そこまでやれるのか。これはアンソニー・ロビンズが言っていることですが、「自分自身より大きな使命を持つこと」が、やり抜く強靭さにつながるのだと思います。

そのやり方は自分の思い描く通り、自分のやりたいようにやればいいのです。ブライアン・トレーシーは、「人間は、自分が好きな人に似てくるから、自分が好きなリーダーを探せ」と言います。

人間は結局、自分の思った通りに生きるのです。

両極端な個性を持つブライアン・トレーシーと、ロバート・キヨサキを知ると、自分に合った生き方が明確になると思います。

では、どうしてロバートが、肺炎が重症化して危険な状態と言われても、舞台の上で講演をやりきれたのでしょうか。

彼はもう73歳で、お金を稼ぐ必要もないほどたくさんの資産を持っています。それでも講演を続けるのは、日系アメリカ人として育って、日本人にお金の教育をしたいという思いがあるからです。だから、「僕から教えるチャンスを奪わないでくれ」というエネルギーで動いています。彼のミッションは明確なのです。

無理して人格者を目指す必要はないけれど、やっぱり人から好かれたほうが何事もやりやすくなります。でも、人から好かれなくてもやるべきことをやり抜く、そういう信念を持っているのがロバート・キヨサキです。

好かれるために自分の信念とは違うことをやっているうちに、本来の自分を見失ってしまうこともあります。自分がわからなくなってしまうと、自分が一番輝ける場所もわからなくなってしまい、結局どこに行ったらいいのか見えなくなってしまうこともあります。ロバートの生き方はそういうことに気づかせてくれます。

Do what you need to do even if people don't like you.
（人から好かれなくてもやるべきことをやり抜きましょう）

彼は、人気を意識してファンサービスをすることも一切ありません。セミナーの受講者に「一緒に写真を撮ってくれませんか」と言われても「ふざけるな！　俺はおもちゃじゃない！」と激怒します。実際にそばにいるスタッフもみんな怖がっておびえています。通訳の打ち合わせも「そんな時間はない！」と言ってさせてくれません。

でも、あるとき、ラグビーの試合観戦のアテンドをすることになり、彼の素顔を見ることになりました。私はラグビーのことは一切わからないのですが、解説者並みに詳しいロバートは試合を見ている間、ずっとラグビーのことを教えてくれたのです。

そのときに、本当は優しい一面を持っているけれど、自分のミッションをやり抜くためにあえて厳しい自分でいようとしているのかもしれないと思いました。

自分の目指すものが明確になってさえいれば、表現の仕方は自分に合ったやり方でいいのだと思います。

03 世界一のビジネス指導者はここがすごい！

柔軟な発想で飛躍的に売上げを伸ばす。発想の源は好奇心

世界一のマーケティングの巨匠

ジェイ・エイブラハム

■ 特徴

業界の常識にとらわれずにやってしまう応用力

■ ポイント

【世界一】
常識にとらわれない。

【凡人】
常識にとらわれる。

■ エピソード

ある業界で成功した手法は他の業界ではまったく使われていない。業界の常識にとらわれずに、まずはやってみる。

『限界はあなたの頭の中にしかない』（島藤真澄訳、PHP研究所）、『新訳ハイパワー・マーケティング』（小山竜央監修、KADOKAWA）など著書多数。

BOOKS

BOOKS

マーケティングの巨匠にMBAは要らない

ジェイ・エイブラハムは世界一の「マーケティングの巨匠」です。世界最大級のテレビショッピング、通販会社のＱＶＣや国際宅配便のフェデックスがまだ無名で売れていなかったときにコンサルタントとして売り方を確立し、成長に貢献したことで知られています。

今では当たり前になっている販売手法の多くはジェイ・エイブラハムが始祖といっていいものです。他の商品を併せて購入してもらうクロスセルや、より単価の高いものを購入してもらうアップセルといった客単価をアップする手法や、より成果の上がる商品や提示の仕方を明らかにしていく仮説検証の方法＝ＡＢテストといった手法を何もないところから編み出し、広めてきました。

ジェイは、２０００年「フォーブス」誌が選ぶ全米トップ５経営コンサルタントに選ばれていますが、経済学者でもないし、ＭＢＡホルダーでもない彼が、権威ある経済誌でトップ・コンサルタントとして高く評価されたということは本当にすごいことだと思います。

彼は大学でマーケティングを学んだわけではありません。高卒で、若くして結婚し子どもをもうけ、生活のためにとにかく稼がないといけない状態からスタートした、まさに叩き上げの成功者です。

若い頃は、少しでも多くのお金を家に入れるために、成功報酬型の営業の仕事に飛び込んで、いろいろな業界を渡り歩いてきたそうです。製造業から小売り、美容、ヘルスケアに通信販売……。幅広く、ありとあらゆる業界で「売る」ことを考え抜いてきたから、業界の壁を超えてさまざまな分野で通用するマーケティングの手法を生み出し世に広めることができたのだと思います。

彼を世界的なマーケティングの巨匠に押し上げたのが世界的ベストセラー『新訳 ハイパワー・マーケティング』（ＫＡＤＯＫＡＷＡ、２０１７年）です。原題は『Getting Everything You Can Out of All You’ve Got（あなたが持っているものから可能なすべてを手に入れる）』で、初版が出たのは２０００年でした。

本書では、ドットコムバブルでインターネットが急速に普及する前の１９９０年代に生み出された手法が紹介されていますが、時代を先取りした内容で、今やインターネット・マーケティングに関わる人のバイブルとも言えます。

彼が凄腕のマーケッターから、カリスマ・コンサルタントになったのは、より多くの人にマーケティングのノウハウを知ってもらいたいという思いがあったからだそうです。「魚を与えるのではなく、魚の釣り方を教える」コンサルタントになったというわけです。

私もこの本の熱心な読者の一人だったので、ジェイの日本講演があると聞いたときには、真っ先に手を挙げて同時通訳に名乗りをあげました。幸い、この頃にはセミナー通訳として高い評価をいただけるようになっていたので、セミナー主催者からも「小熊さんなら安心して任せられる」と言っていただけたのです。

ジェイ・エイブラハムの応用力は、なぜすごいのか

ジェイのすごさは、一つの業界で成功している手法を他の業界にも展開して成功させてしまうところです。たとえば、不動産業界で成功した方法をカイロプラクティック業界でも仕掛けていくのですが、最初は誰もが「そんなのこの業界では成功しな

い」と、取り合わなかったそうです。多くの経営者が業界の常識にとらわれていて、目の前で異業種の人が成功していても、その成功パターンを取り入れようとしないのです。

でもジェイの場合は、まったく違う業界のノウハウを取り入れて見事に成功させてしまいます。

オフィス機器の展示会でパーティを企画したときのエピソードです。ジェイは、それまで地味なパーティしかしたことがないようなオフィス機器業界で、思い切って派手なパーティを企画しました。その街で一番流行っているクラブを貸り切って、ウェイトレスにはファッションモデルのような女性を揃えて、その場所に行くだけで、セレブリティになったような気分を味わえるおしゃれなパーティを開催したのです。

華やかな仕掛けによって街はそのパーティの話題で持ち切りになり、展示会の注目度も上がって商談会は大成功。売上げも史上最高になったそうです。

凝った演出の派手なパーティは、ファッション業界なら当たり前ですが、オフィス機器業界では「そんなのやってもうまくいかない」と、最初は誰もが批判的な反応を見せたそうです。でも、ジェイは、「俺がやる！」と言ってやってのけてしまうわけです。

業界が違えば常識が違うという固定観念は、どこの国のどんな業界にも存在します。中でも、日本人は常識にとらわれやすい傾向があります。小さい頃から「こうでなければならない」という正しい回答を求める教育を受けてきているからだと思います。

ジェイの場合は、正しい・正しくないにこだわらず、思い切ってやってしまいます。もしかしたら、スタッフは細かい調整に腐心しているのかもしれませんが、ジェイは「大筋合っていればOK。とにかくやってみよう！」という感じです。

Think out of the box.
（既存の枠組みにとらわれずに物事を考えましょう）

ジェイのコンサルを受けて成長した企業は、中小零細企業から大企業まで多数ありますが、経営者本人も考えもしないほど成長の幅が大きいのが特徴です。

たとえば、あるパン屋の経営者がジェイのセミナーを受けて、定期的に新商品の試食会を行ったら、翌月の売上げが2倍になったということがありました。

コンサルを受けたい経営者を舞台中央の特別席（ホットシート）に座らせて、みんなの前で公開コンサルティングを行いました。その人が「売上げが伸び悩んでいます。新商品を出してみましたが、なかなかうまくいきません」と相談すると、「本当にいい商品なら、試食会をやってごらん」とジェイが言いました。「そんなことしたら、コストがいくらかかるかわからないからできない」と、経営者。でも、周りの参加者が「それはいいね」と言うので、経営者はしぶしぶやってみました。そうしたら、パン屋の売上げが翌月から2倍、3倍と増えていったというのです。

無料の試食会のために10万円のコストがかかったとしても、翌月の売上げが20万円増えるなら、試食会を毎月やればコンスタントに売上げを伸ばせるというわけです。

こんな事例もあります。不動産ビジネスでは入退去の情報が命です。入退去の情報を一番早く入手できるのは、入居者に電気を供給している電力会社です。ということは、電力会社の情報をいち早く入手できれば不動産市場で優位になります。そこで、電力会社の契約窓口業務を代行して不動産情報に利用することで売上げを伸ばしたのです。

また、美容室の空きスペースにネイルサロンを併設させて、売上げを2倍、3倍と増やした事例もあります。

毎日新しいことを体験して柔軟な発想を持つ

ジェイのコンサルは、眠っている資産を活用していくので投資は最低限で済みます。それで売上げを2倍、3倍、10倍と増やしていくのです。体験会や試食会を開いたり、窓口業務を代行したり、空いているスペースを活用して、ほかの商品を販売したり……。ジェイの発想は柔軟そのものです。

では、どうしたら彼のように柔軟な発想を持つことができるでしょうか。ジェイは「毎日違うものを食べて、毎日違うところを通ること」だと言います。

それについて、彼の著書『Getting Everything You Can Out of All You've Got』の中のフレーズを紹介します。

Head up, eyes open, mind in gear.
（頭を上げて、目を開いて、精神を整えよう）

あるとき、25セント硬貨を拾って気を良くした若者が、毎日小銭を探して歩いて生涯に22ドル87セントを拾ったとします。その間、美しい夕日も、虹も、子どもの成長も、鳥の羽ばたきも、太陽の光も、周囲の人々の笑顔にも、100万ドルの飛躍のチャンスに目もくれず、ひたすら下を向いて小銭を拾うことに集中していたとしたら、どれだけの幸せを失うことになるでしょう。

頭を上げて、目を開いて、成功への足掛かりとなる情報に目を向けましょう。経済誌を読む、新しいビジネスやテクノロジーのカンファレンスに参加する、本の表紙を眺めながら、書店の棚の間を歩く、その間、新しいアイデアやイノベーティブな技術によって人々がいかにして成功を収めているのかを見つけるのです。

今までと違うものを体験することに慣れることが柔軟な発想を生みます。それはショッピングモールやスーパーやコンビニで買い物をするときでも、レストランや居酒屋で食事をするときでも、どんなときでも可能です。

多くの経営者は、ジェイが固定概念と違うところに連れていってくれるので、最初はびっくりしてしまいます。それまでのやり方と違うことをやるのに慣れていないからです。慣れていないとどんなにいいアイデアでも実行できません。だから、日常生活から違うことをやることに自分を慣れさせていくことが大事なのです。

食べたことがないものを必ず注文する。毎日歩く道を変える……。常に新しいものに慣れて、変化することに抵抗しない脳をつくっていくことでどんな変化にも対応できる柔軟な脳になれるのです。

これはジェイが10代のときに奥様と出会って、子どもができて、なんとかして稼がないといけない、成功報酬で何でもやるという経験のなかでプレッシャーを乗り越えながら養ってきた習慣です。その習慣は、グルメを楽しんだり、お酒もたくさん飲んだり、自宅や事務所がさまざまな調度品であふれていたりすることからもうかがえます。

私は外で人と食事をすることも少なく、お酒もあまり飲まないので、ジェイの健啖ぶり、酒豪ぶりを見るとちょっと驚いてしまうのですが、何でも貪欲に味わうから新しい柔軟な発想が生まれるのだと思います。調度品にしても、良いと思うもの、見たことのないデザインのものなど、世界中の珍しいものが並べられていて、そこにいるだけで別世界に来たような気がします。生活の中でも常にいろいろなものを試して新しい刺激を脳に与えているのでしょう。

一般的には、会社の枠や業界の枠から外れた行動には踏み出しにくいものです。でも、生活の中に新しいものを取り入れて味わってみるというのは、その気になれば小さなことからでもできると思います。

ジェイに倣《なら》って、私の英語講座の受講生には脳を新しいことに慣れさせるために、「初めてのことをやってみよう」と勧めています。今までと違うジャンルのことを始める、違う先生に会う、違う街に行って、違うものを食べる。今までつくったことのない料理をつくる……。そうすることで変化が当たり前になって、すぐに脳が対応できるようになります。

私が出会ってきた世界一の人たちはみんな好奇心旺盛です。新しいものにトライして自分の感性を磨いていくことに貪欲です。ぜひ、皆さんも貪欲に新しいことにチャレンジしてみてください。

日常生活において、日々ちょっとした新しいことに挑戦するだけで、脳が刺激され、変化に慣れていける自分になれるのです。

03 世界一のビジネス指導者はここがすごい!

「妄想役員会議」から生まれる高いビジョン力

世界一の社会起業家育成家

ロジャー・ハミルトン

■ 特徴

自分が事業で失敗した経験をバネに社会起業家育成にまい進

■ ポイント

【世界一】
最良の英知を最高の脳から引き出す。

【凡人】
自分の小さい脳だけで考える。

■ エピソード

誰でも招聘できる「妄想役員会議」を成功哲学の習慣とする。脳内で行う妄想役員会議で、エジソン、アインシュタイン、バックミンスター・フラーのような歴史的な人物、実在の経営者や賢人から英知を借りてビジョンをつくっている。
『億万長者の秘密をきみに教えよう!』(鳥居祐一訳、KADOKAWA)、『才能は開ける』(宇敷珠美監修、アンジェラ・マイコ訳、フォレスト出版)など著書多数。

BOOKS

BOOKS

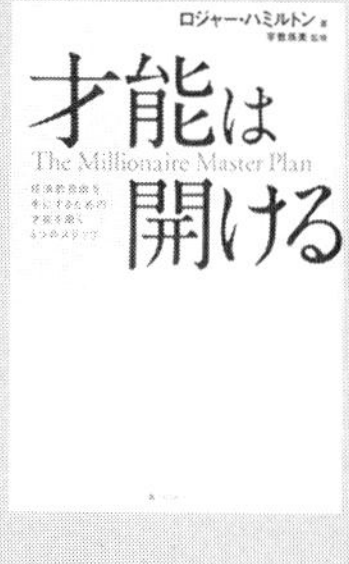

社会起業家育成のための成功法則を開発

ロジャー・ハミルトンと初めて会ったのは２０１６年のことでした。その前の年、彼のバリのセミナーの通訳の依頼を受けて、彼の本を読んだり、ＹｏｕＴｕｂｅ動画を見たりして準備をしていたのですが、パスポートの有効期限が足りなくて急遽他の方に通訳を代わってもらうことになってしまいました。そんなこともあり、２０１６年5月17日にロジャーが来日するときに会えたときは、感無量でした。

主催者の宇《う》敷《しき》珠《たま》美《み》さんに誘っていただいて、一緒に成田空港に迎えに行きました。著名スピーカーを空港までお迎えに行けるのはラッキーです。いろいろな話ができるので、アクセントもつかめるし、打ち解けられるので、本番の準備にも都合が良いのですが、何といっても、世界一の知識や人柄に直接触れられる機会です。

私たちは、空港でハリウッドスターが現れるかというくらいの高いテンションでロジャーの到着を待っていたのですが、ゲートから現れたロジャーはお供のスタッフも連れず、リュック一つの軽装でした。

後でわかったのですが、彼はいつもこんな感じで世界中身軽に飛び回っています。
用意していたタクシーに乗って一緒にホテルまで向かう途中、私は「通訳の小熊です」と自己紹介して、早速以前から聞きたかった彼の未来展望について質問しました。ロジャーから返ってきたのは、「デジタル・トランスフォーメーション（DX）でさまざまな仕事が変わるよ」というものでした。「人間がやる機械的な仕事はすべてなくなるから、仕事が社会貢献と結びついていないと成り立たなくなる」「ビジネス＝社会貢献になる」など、興味深い話をしてくれて、それ以来、私も社会起業家として、ロジャーのコンサルを受けるようになりました。

また、ロジャーの通訳では、「個性を存分に出していい」雰囲気をつくってくださり、思いっきり感情を込めて通訳し、「よくわかった。伝わった」「腹落ちした」と参加者から大好評をいただきました。

ロジャーのウェルスダイナミクスのセミナーでは、最初に自己紹介があります。ロジャーが起業家向けのセミナーを始めたきっかけや、自分の英語に少し訛りがあることなどがユーモアを交えて語られます。そして、だんだんと話の核心的な部分に入ってくると、ロジャーの声にも熱が入り、ボリュームが上がり、早口になってきます。

そうすると、通訳する私の声にも熱が入ってきて、ロジャーの声に私の同時通訳の声がかぶってしまうこともありました。

質疑応答の場面では、質問者の顔がよく見えるように、通訳ブースからレクチャーテーブルのある前のほうに出てくるようにと言われることもあります。そこでは質問者に熱心に語りかけるロジャーに負けないように、ロジャーになりきって目いっぱい声を張り上げて質問者に語りかけます。女性の線の細い声にならないように、お腹に力を込めてできるだけ男性的な太い声を出します。

そうすると、聴衆はロジャーを見たり、私を見たり、目線を忙しく動かし、「なるほど！」と相槌を打ちながら、前のめりになって話に引き込まれていきます。

一番後ろの席の一人まで声がしっかり届くように、大きな声になってしまうこともありますが、私の個性を否定するようなことは一切言われませんでした。気持ち良く仕事をさせていただけて、「こんなに大らかで、クリーンなエネルギーの成功者もいるんだな～」と、うれしくなりました。

アンソニー・ロビンズやジェイ・エイブラハムらが高卒で叩き上げの成功者である

のと比べると、ロジャーはイギリスの名門大学を出たエリートです。アイザック・ニュートンと同じケンブリッジ大学のトリニティ・カレッジで建築学を学び卒業しました。

卒業後はすぐに雑誌の出版の仕事を始めます。もともと好奇心旺盛で成長意欲が強かった彼は、一つのビルを建てるのに何年もかかってしまう建築よりも、制作サイクルが短くて、どんどんいろいろなことを学べる雑誌の出版を選んだのだそうです。

順調に滑り出したものの、途中で資金繰りがうまくいかなくなってしまい、自宅の妻と娘が見ている目の前で、車がレッカー車で運ばれてしまうという屈辱的な経験をします。支払いが滞ってしまったために、車が差し押さえられてしまったのです。

そこで、「一流の大学を出ているのにこんなことになるなんて。起業家って何なんだ?」と、心底思ったとロジャーは言います。それから起業のノウハウについていろいろな情報を調べてみたところ、起業して成功するかどうかは一つの法則にまとめられないと思ったそうです。

「いろいろな人に会ったほうがいい」と言う人もいれば、「会わないほうがいい」と言う人もいるし、資金をどこに使うか、使ったほうがいい、使わないほうがいい、などなど、決まりきった法則はなくて、むしろ相反するアドバイスが世の中に氾濫していて起業家を混乱させていると。一口に起業家といっても、タイプがあるはずだと考えるようになり、そこから「ウェルスダイナミクス（富の力学）」という社会起業家育成のための成功法則を開発するに至ったのです。

そのときに、ただ単にお金儲けだけを目指す起業家ではなく、ＳＤＧｓ（持続可能な開発目標）に沿った社会問題の解決を目指す社会起業家の育成を目指すようになり、やがて世界一の社会起業家育成家になったというわけです。

アイデアの源は「妄想役員会議」

先にも紹介した通り、ロジャーがウェルスダイナミクスを発明するとき、最新の大脳生理学やカール・ユングの分析心理学、東洋の陰陽五行説や易経、春夏秋冬の考え方などを取り入れています。ロジャーがこのように幅広い分野の知識を一つに統合することができたのはなぜでしょうか。

その秘密は、「妄想役員会議」にあります。どんなものなのか、バリで年に一度、起業家が翌年の事業計画を立てるセミナーをするときに話してくれた内容を紹介します。

ある受講者が、「成功者が内緒で必ずやっていることを教えてほしい」とロジャーにリクエストしました。そうしたら、ロジャーが「目をつぶって」と言って、瞑想に誘導していきました。そして、「これから役員会議を開催します。会議には、自分が尊敬する人を誰でも招待できます」と言いました。

ロジャーはこう言います。

Human consciousness can access the person's energy just by saying the name.

（意識は名前を言うだけで、その人のエネルギーにアクセスできる）

デート前に、恋人は「こう言うかな」とか、母親に「これを言ったらこう言われるだろう」とか、お客さんに会うとき「こう言われるかも」と、想像するでしょう？

それと同じように、尊敬する人の反応を想像して、対話するのです。

この方法なら、誰でも自分が尊敬する世界一の英知にアクセスできます。

名前も知らない人を想像するのは難しいけれど、私が尊敬する坂本龍馬なら簡単です。高知の桂浜を訪れて、坂本龍馬の銅像の前で「英語維新」の志を伝えて、坂本龍馬に「お前も開国を目指すんだな」と言われているのをイメージするわけです。

尊敬する人を妄想役員会議に招くというのはけっして難しいことではありません。「この人に会ったら、きっとこんなことを言われる」、そういうレベルで十分です。

「今から妄想役員会議を始めます。尊敬する人、招きたい人を誰でも思い浮かべましょう」

ロジャーが瞑想のときに言う言葉も、たったこれだけです。駅で電車を待っている時間、お風呂でのリラックスタイム、寝る前、朝起きるとき、いつでもできます。

たとえば私は、自分が主宰するプロジェクト「英語維新」のことを考えていたとき、妄想会議にマザー・テレサを招きました。「教育改革なんて言ってるうちはまだ甘いのよ」「すべての人を教育なさい、あなた自身もね」と言われました。尊敬するマザー・テレサの言葉に感激して、ますますモチベーションがアップしました。

自分の妄想ですから、自由に思うままに楽しみましょう。自分が尊敬する歴史上の人物だったら、いろいろ知識があると思います。その人の価値観のゴーグルをかけて、物事を見て、考えてみればいいわけです。もともと精神的な繋がりを強く感じている人であれば、よりリアルに想像できると思います。

また、いつも新しい知恵を妄想役員会議に取り入れたいのであれば、尊敬する人、憧れる人の知識を仕入れて、人となりをよく知ろうとすることも大切です。ふだんから、感性のアンテナを高めて、尊敬する人の本を読んだり、情報を仕入れたり、所縁の地を訪れたりするのは効果的です。

誰でもできる妄想役員会議のコツ

憧れの人、ロールモデル、メンター、そういう人があなたの中にもいるはずです。私の場合は、先にも紹介した通り、野口英世とキュリー夫人です。

もし、すぐに尊敬する人が思い浮かばないのであれば、「憧れの仕入れ」をしましょう。図書館に行って本を探してもいいし、インターネットで調べてもいいから、とにかく仕入れることが大事です。ブライアン・トレーシーは、「自分がリーダーになりたいなら、尊敬するリーダーの情報を蓄えておこう」と言っています。なぜならば、憧れる人に自然と人間は近づくようになるからです。

せっかく憧れを仕入れても、「私には無理。周りにはたくさんすごい人がいるし」と思ってしまう場合、その声はあなたのTrue Voice（真の声）なのか、Little Voice（邪魔するノイズ）なのかを考えてみてください。脳には、あなたに危険を冒させないようにする働きがあります。未知のリスクからあなたを守ろうとしているのです。

でも、それはあなたの本当の気持ちでしょうか？　変わらないことで、一時的には安全かもしれませんが、成功は安全地帯の外側にしかありません。

「どうせ無理」というLittle Voiceは、誰の心の中にも存在します。その声に打ち勝って、本当の自分の声True Voiceに耳を傾けましょう。本当の敵は周囲のライバルではなく、あなたの脳の中にある防衛本能であり、Little Voiceなのです。

同時通訳は言葉の格闘技と言われます。聴衆に伝わるように最高のパフォーマンスをするためには、本番の際の精神状態のコントロールはとても大切です。そこで、オリンピック・アスリートがどうやって自分のマインドをコントロールしているかに注目しています。なかでもフィギュアスケート金メダリストの荒川静香さんが言っていたことが印象に残っています。「4分間の演技の中で、1秒たりとも思考の準備をしていない時間はない」と言っていたのです。思考に空白があると、Little Voiceが入り込んできますが、思考が埋まっていればLittle Voiceが入り込んでくる隙がなくなります。

好きなアスリートやアーティストがいる方は、その人がどのように精神状態をコントロールしているのかを知ることをお勧めします。大事な場面のときに妄想会議を開いて、その人を招き、アドバイスをもらいましょう。

たとえば、大事な仕事のプレゼンがあるなら、憧れの人の精神状態のコントロール方法を知り、それに基づいて思考を準備しておきましょう。顧客の前で自分が発表するとなったら緊張するのは当然です。緊張のもとは「本当にできるの?」というLittle Voiceです。思考の空白があるとLittle Voiceは入り込んできます。多くの人はその声に耳を傾けてしまうのです。

顧客からの質問に答えようとしているときに「ちょっと無理かも」と一瞬でも不安になると、プレゼンテーションが弱いものになってしまいます。最後までやり抜くためには、成功するための思考で頭の中を埋めておきましょう。そのときに、憧れの存在の励ましの声や、その人の知恵が頭に入っているとすぐに埋めることができます。

いつでも妄想役員会議ができるように、憧れの存在と何度でも対話しましょう。自分と対話して、憧れの存在と対話して、憧れの存在をあなたのTrue Voiceの一番の理解者にしましょう。仮にプレゼンで批判的なことを言われたときでも、「すべての批判は自分のプロジェクトをより完璧なものにしてくれるための応援」と前向きにとらえると、憧れの存在と合意しておけばよいのです。

ここで知っていただきたいことは、世界一の社会起業家のロジャー・ハミルトンの教訓です。

Don't try to think just with your own head.
（自分の頭だけで考えようとしてはいけません）

優れた人を妄想役員会議に招いて、その人たちの知恵を利用しているのです。皆さんも、自分一人で考えなければならないというわけではありません。必要なときはいつでも憧れの存在を呼び出して、妄想役員会議を開きましょう。

04 世界一のオタクはここがすごい！

世界一のGrit＝やり抜く力

世界一のトランプマジシャン
シン・リム

■ 特徴
テンション変わらず淡々と、集中力高くやり続けるグリット力

■ ポイント

【世界一】
一つの技を愚直に芸術の域にまで極める。

【凡人】
すべてに中途半端で傲慢なほどに幅を広げる。

■ エピソード

シン・リムを世界一に育てたトランプマジックの道具は、ほとんどが日本人によってつくられたもの。しかし、一つの技を極めた彼が世界一になり、道具を開発した日本人は彼よりもランクは下。
シン・リムいわく、「日本人は練習不足。一つのことを極めていないのに、次々と新しいマジックを開発している」。世界一を目指すなら、あれこれ手を出すよりも一つのことを芸術の域に達するまでやり続けたほうがよい。

世界一のＧｒｉｔ＝やり抜く力のモデル

Ｇｒｉｔとは、もともと砂や砂利という意味ですが、気骨や勇気という意味も持ちます。ここでは自分を信じてやり抜く力として使います。

私がシン・リムとお会いしたのは、２０１６年、彼が日本のテレビ番組に出演する際に通訳を任されたときです。テレビ番組での通訳経験者が必要ということで、直前の依頼で、あまり準備の時間もありませんでした。当時は講演会でもテレビ番組でもＴＩＣＡＤ（アフリカ開発会議）のような国際会議でも何でも受けていて、１日に３〜４件の現場をこなすようなこともありました。忙しい毎日だったので、前日にシン・リムが出演した番組のＹｏｕＴｕｂｅ動画を見てウィキペディアの情報を確認するくらいしかできなかったのです。

テレビの場合は、限られた時間の中でインパクトのある話し方が求められるので、専門用語の知識が問われるというよりは、番組の収録現場での対応能力が求められることになります。

限られた準備時間の中でシン・リムに抱いたイメージは、もともとピアニストを目指していたというバックグラウンドも手伝って、繊細な芸術家という感じでした。アメリカのテレビ番組に出演して、ハリウッド・セレブたちを魅了している様子を見てカッコいい人だとも思っていました。

実際に会ってみると、そのカッコよさは10倍以上に感じました。当時すでに有名になっていた彼は、世界中のテレビ番組に出演していましたが、気取ったところは一切なく、気さくな青年そのもの。立ち居振る舞いすべてがナチュラルで、番組関係者にもすぐに馴染んでみんなと仲良く和やかな雰囲気をつくっていました。私が控室に挨拶に行ったときも、

You'll be my Japanese voice. What should I call you?
（君が僕の日本語の声になるんだね。何て呼んだらいい？）

と明るく話しかけてくれて、その人柄に魅了されてしまいました。

ところが、その気さくな若者が、ひとたびマジックを始めると、収録現場を魔法の

世界に変貌させてしまいます。収録時間は3～4時間でしたが、その間ずっとテンションは変わりません。でも、カメラが回りはじめると瞬時にミステリアスで芸術的なマジシャンに変身するのです。世界的な著名人でも、テレビ番組の本番になるとピリピリした緊張感を漂わせる人もいますが、彼はまったく変わりませんでした。

実は番組の出演者の中には、シン・リムにとって師匠ともいえる日本人のマジシャンたちがいました。シン・リムはその人たちのＹｏｕＴｕｂｅ動画を見ながら、独学でマジックを練習していたのです。そして世界的なマジックのコンテストで、彼はその日本人マジシャンたちよりも上になってしまったのです。

私が「どうしてあなたのほうが上になってしまったんですか」と尋ねたところ、シン・リムは「彼らは僕みたいに、技を極めるまで何度も練習しないから」ときっぱりと答えました。

日本のマジシャンたちは、いろいろなマジックのグッズを開発して販売しているのですが、一つひとつの技を極めていなかったのです。だからシン・リムと比べると、どこか物足りない感じがしてしまいます。また、少しマジックを知っている人が見るとすぐにネタがわかってしまうそうです。

これは、アンソニー・ロビンズの「報酬のピラミッド」でいうと、Outstandingのレベルではないということです。Outstandingになれば、報酬は桁外れ、青天井になるけれども、日本人のマジシャンたちは開発能力があってもパフォーマンスでいうとGreatかExcellent止まり。報酬もGoodにとどまっているわけです。

　シン・リムのすごいところは、一つの技を芸術の域まで極めているところです。正面から見えなければ、それ以外の確度からはネタが見えてもかまわないのがふつうのマジシャンだとすると、シン・リムの場合は、真横で見ても後ろから見てもトリックがわかりません。通訳の私が右斜め後ろ45度、1メートルしか離れていないところで見ていても、本当にわかりませんでした。

　マジックといえば人をあっと驚かせるイメージがありますが、彼の場合は、美しさに見惚れるようなマジックです。こういうパフォーマンスを極めている人は、それまでのマジック界にはいなかったと言われています。ふつうのマジシャンが「へ〜、すごいね」というレベルだとすると、シン・リムは見る者を完全に魅了してしまいます。マジックの世界に新しい芸術的な領域をつくったと言ってもいいでしょう。

　ステージ以外、カメラが回っていないときには、楽しくてチャーミングなキャラクターですが、ひとたびパフォーマンスが始まると、セクシーでクールなパフォーマーに変貌するのです。

とことん練習しているから平常心でいられる

シン・リムはどうしてそこまでナチュラルでいられるのでしょうか。私なりに考えてみて、完璧を目指して練習しているからこそ、本番でマントをはおる必要もないのだと思いました。

能を舞台芸術として確立した世阿弥の芸術論『風姿花伝』に、「裏は表なり、表は裏なり」という言葉がありますが、その意味するところは稽古したものがそのまま舞台で表れるということだそうです。シン・リムは、そういう芸術の真髄のようなことを、ことさらに意識することもなく、体現しています。シン・リムがマジックに芸術性をもたらしたことによって、マジックのパフォーマンスがアートになってきていると言われています。

私はまだまだその域に達していないので、本番前はピリピリと緊張してしまって、深呼吸したり、瞑想したりしてどうにか平常心を保っている状態です。

私もシン・リムのように自然体でありたいと思いながらも、実際にはＹｏｕＴｕｂｅ動画を撮影するときなど、少しつくってしまう自分がいます。私だけでなく、世界中のマジシャンがシン・リムに憧れています。自然体でありながら芸術の域に達しているということは、同じ道を目指している人ほどよくわかっていると思います。

美しい姿勢、ダンサーのような優美な動き、ミステリアスな、誘うような表情、視線の動き、すべてが一つの作品になっていて、かつ、近くで見ていても仕掛けがどこにあるのか見当もつきません。

これが、Hours and hours' of practice の賜物。何度も何度も練習して芸術の域に極めることで、一瞬の動きで見る人を魅了するのです。

舞台で美しく踊るプロのバレエダンサーの足はトゥシューズを脱ぐとボロボロだと言われます。どんなに注意していてもケガを完全に防ぐことは不可能で、何年もステージで踊っているうちに、体中が痛んでしまうため、ダンサー生命は長くて10年、15年と言われます。それが芸術の舞台裏です。

シン・リムもプロのバレエダンサーのように練習を積んでいると思いますが、そこに苦しみはまったく感じさせません。淡々と自然体で、楽しんでいるようでありながら、自分が納得するまで粘り強く続けます。

Raise the barという考え方

無数のライバルがいる分野であれ、ニッチな分野であれ、Outstandingまで行くにはTenacity＝持続する力が必要です。

これについて、アメリカの教育心理学者のアンジェラ・リーがＧｒｉｔという概念を使って説明しています。長期的な目標に対して良い成績をおさめることができた生徒の特長を分析した結果、成功の要素となるのは、生まれ持った資質でも家庭環境などの条件でもなく、やり抜く力＝Ｇｒｉｔだったというのです。彼女の研究成果について書いた本『Ｇｒｉｔ：The Power of Passion and Perseverance』は教育界で話題の書となり、Ｇｒｉｔは２０１６年のバズワードにもなりました。

Outstandingになる人というのは、Ｇｒｉｔ＝やり抜く力がある人です。シン・リムの練習動画を見ているとまさにＧｒｉｔを感じます。ただ、歯を食いしばって苦しみながらやっているというよりは、楽しくて楽しくて仕方がないからやり続けている、というほうが合っています。

20世紀までは、歯を食いしばって根性で困難に打ち勝ってきた人が成功する時代だったと思いますが、21世紀は、好きで好きでたまらない楽しいことをやり続けて、成功を手にする時代だと思っています。みんなと同じ分野で競争に打ち勝っていくというよりは、自分だけのニッチな分野を見つけて楽しんで楽しんでやり抜く、そんな時代がやってきたということです。シン・リムを見ていると、まさに時代を象徴する世界一と感じます。

シン・リムのスタイルで参考になるのが、何か耐えがたいことをぐっとこらえてやり続けるのではなく、楽しみながら自分の基準を上げていくRaise the barという考え方です。自分が好きなことを極めるために、一つ達成したら次、それを達成したらまた次と、基準を上げていくことで気づいたら一番になっていた、そんなイメージです。

これは「自分なんかまだまだ」と、卑下することとは違います。呼吸をするように、自然体で粛々と練習を続ける。眉間にしわを寄せて苦しみながらやるのではなく、「楽しいからもう1段階上を目指してやってみよう」という感じです。最初は意図的に基準を上げていくことになるかもしれませんが、達成するとやる気が出るので、続けているうちに自動的にできるようになってきます。

この自動化するプロセスを、「シナプシス（神経細胞）の道」で説明するとこうです。最初はシナプシスがないから獣道を進みます。生い茂る草や枝をかきわけていかないといけないので少しずつしか進みません。それを何度かやっていくうちに、人ひとりが通れる道になってきます。そして、次に舗装された道路ができて、最終的には高速道路になっていきます。高速道路の段階になると、一般人から見ると神業のように見えます。世界一の人というのは、脳の中にシナプシスの高速道路をつくった人のことです。

このとき基準が低いと「もうクリアしたからや〜めた」と終わりにしてしまいます。世界一の人の場合は、芸術の域まで行きたいからさらに上を目指してやり続けます。

では、どうしたら基準を上げていけるのか。ここで、自己肯定感が重要です。ありのままの自分を認めて自分を愛で満たしていれば、「〜しなければならない」「なぜならば他人の評価があるから」ということがありません。自分の欲しいものに向かってまっすぐに進んでいけるのです。親や世間体《せけんてい》、社会常識など、自分の外部の基準に合わせて正しく生きることを追い求めていると、どうしても「～しなければならない」という発想になってしまいます。

皆さんも、好きでずっと楽しんで続けたいことを考えてみてください。そこから世界一への道が開けてくるはずです。

04 世界一のオタクはここがすごい！

何があっても我関せず。
失敗もどこ吹く風のマイペース力

世界記憶力選手権トランプ部門1位

ベン・プリッドモア

■ 特徴

他人の価値観に振り回されず、自分軸で生きているから自分をコントロールできる

■ ポイント

【世界一】

失敗で凹まない。


【凡人】

失敗で凹みすぎる。

■ エピソード

テレビ番組収録中に大きな声で話しかけられたために、集中力が切れて2回連続失敗。それでもどこ吹く風で気にしない。

失敗は外部からの刺激。自分では決められない。でも、失敗にどう反応するかは自分で決められる。

多くの人は失敗すると、失敗と自分を同一視し、また同じ失敗をしてしまうのではないかと恐怖心を持つようになる。起きたことは過去のこと。未来は過去と同じではない。未来をどうするのか、決めるのも自分。過去の失敗に振り回されなくて良い。

「負け」を引きずらない

初めてベン・プリッドモアと会ったのは、成田空港でした。日本のテレビ番組に出演するために来日するベンを空港にお迎えに行ったのです。

ベンの名前を書いたカードを持ってゲートで待っていると、ベンがひょっこり現れました。私も背が高いほうではありませんが、彼も私とあまり変わらないくらい小柄で、荷物もリュック一つ、自宅から会社に出勤するかのような出で立ちでした。

世界的な著名人の場合、お付きの人を何人も従えて登場することも珍しくありません。ロバート・キヨサキの場合、スタッフ数人がスーツケース5〜6個をガラガラと運んでやってきます。そんなお迎えに慣れていたので、彼を見て、「この人はなんて身軽なんだろう！」と衝撃を受けました。

さて、そんなベンと収録のためにテレビ局のスタジオに入ったのですが、そこで事件は起きました。

トランプ記憶術では、30秒間集中してトランプを覚えなければならないのに、その間に日本の芸能人が彼に話しかけてしまったのです。集中力を削がれたベンは、カードを覚えるのに失敗してしまいました。もう一度撮り直すことになったのですが、2回目も、その芸能人は話しかけるのをやめませんでした。なんと2度とも失敗してしまったのです。

彼はこの番組のためにわざわざイギリスから来日したのに、『アメリカズ・ゴット・タレント America's Got Talent』（アメリカのオーディション・リアリティー番組）をはじめ、ほかのテレビ番組で見事に成功したトランプ記憶術を披露できず、トランプ記憶術の場面は番組で使われなくなってしまいました。

通訳として隣にいた私はがっかりしてしまいましたが、彼はどこ吹く風という感じで、空港に着いたそのときのままのテンションでした。「じゃあ、マクドナルドにハンバーガーを食べに行くから」と、スタスタ歩いて行ってしまいました。

必要なのはResilience＝強靭さ

ふつうの人は失敗すると落ち込みます。そして、自分の存在まで否定してしまいます。客観的に見ると、失敗には因果関係があって、自分の存在まで否定する必要はないわけですが、多くの場合、失敗＝自分が原因と考えてしまいます。

ベンのテレビ収録のときは、集中を邪魔する明らかな要因がありました。外部の刺激だったのです。外部の刺激とは、ベンに話しかけて集中させなかった芸能人です。失敗に対して人間は意味づけします。その意味づけに自分が入っていると落ち込んでしまうわけです。

ですが、このときのベンには失敗にこだわっている様子はまったく見られませんでした。「失敗＝外部の刺激」と「記憶術トランプ部門世界一」という自分のアイデンティティを分離させているので、日本のテレビ番組で失敗して放送されなくても、それで人生が終わるわけではないと達観しているようでした。

でも、日本の今の教育だと「失敗したら終わり」という気持ちになってしまうのではないでしょうか。小学校、中学校、高校と、長い時間をかけてその考え方をしみ込ませられたら、失敗への恐怖で新しいチャレンジができなくなってしまうと思います。

他人の目を気にしていると失敗は傷になりますが、「他人がどう思おうと関係ない」という自分軸で生きていたら、失敗は一つの経験でしかありません。

失敗で落ち込まないベンの背中からは、他人の目を気にしない、他人の価値観に縛られない自分軸の生き方が見えます。反対に失敗で凹むのは、他人の評価に左右されていて、自分で自分の価値を認めていないということだと思います。

私自身の通訳の経験でいうと、自信がないときにはしょっちゅう凹んでいました。凹みすぎると、立ち直るまで時間もエネルギーも使います。これは失敗を自分と切り離せていなかったからです。

たとえば、社内通訳として会社に勤めていていた頃、通訳の際に「目立ちすぎるな」と釘を刺してくる上司がいました。彼はアメリカ人で、通訳がいないと部下とも顧客とも話せない状況だったからか、通訳の私が話していると、自分が低く見られるのではないかという恐怖心を抱いていたのだと思います。それで、私によく難癖をつけていました。

でも、後から考えればこの刺激＝上司の難癖に対してどう反応するかは自分で決められることだったと思います。彼の価値観と私の価値観は違うのですから。

世界一の人というのは、他人の価値観に左右されません。そういうふうに自分をコントロールできる人が世界一になれるのだと思います。

I can’t decide the stimulus from the outside. But how you react to is up to you.

外部からの刺激は自分で決められない。でも、それにどう反応するかは、自分次第です。

プラスなのか、マイナスなのか、刺激と反応との距離を保てるほど、自由でいられるということです。

通訳学校や私の通訳講座で、一度でも失敗すると、「もうダメだ」「自分には才能がない」と決めつけてしまう人を見てきました。英語力は申し分ないのに、「通訳には向いていないのでやめます」と言って業界から離れてしまうのです。

世界一を目指すなら失敗に落ち込まないResilience＝強靭さが必要です。

僧侶のようなスピリット

社会的地位が高くなったり、多くの人から評価されたりするようになると、あれこれ人に指示したり、自慢話をしたりして、その場をコントロールしたがる人がいます。でも、ベンは完全にあるがままの人でした。

実は会う前まで、インターネット上のドキュメンタリー番組にベンが出演しているのを見て、30秒でトランプのカード17枚をすべて覚えられる人は、相当神経質な人なのだろうというイメージを持っていました。研ぎ澄まされた集中力を持っている人は、周りまで緊張させるようなピリピリしたオーラを纏《まと》っているに違いないと思っていたのです。

ところが、空港に現れたのは本当に小柄で素朴な感じのするおじさまでした。番組収録後の食事もマクドナルドというので、「記憶力選手権のチャンピオンなのに、マクドナルド!?」と唖然としてしまいました。

Foody＝食通の人は文化的な印象を与えられるし、健康に気づかって食べ物を選ぶというのも世界的に当たり前になっていると思いますが、彼を見ていると、栄養価とか、細かいことを気にするよりも、自分が一番好きなものを食べるのが正しいのかもしれません。

世界記憶力選手権は、もともと「マインドマップ」をつくったイギリス人のトニー・ブザンが始めたものです。学術ジャーナリストで教育コンサルタントでもあったトニーは、心理学、アメリカ文学、数学を大学で学び、学術的な雑誌の編集に携わっていました。そのときに英国放送協会（ＢＢＣ）の教育番組の企画の相談を受け、その企画をもとに書いた本がベストセラーになって以来、さまざまなテレビ番組やセミナーなどに出演するようになりました。トニーが発明した「マインドマップ」は、今では教育研修や企画会議など、さまざまな場面で使われています。

トニーは、２０１９年に亡くなりましたが、彼が着目した学習法の中に記憶術があります。トニーの記憶術のテクニックに従って覚えると、何十枚ものトランプのカードを数十秒という短い時間で記憶にとどめることができるのです。その方法は、カード一枚一枚にストーリーをつくって覚えるというものです。ストーリーになっていると記憶しやすい脳の働きを利用すると多くのものを短時間で覚えられるのです。

ベンもこの方法でトランプのカードを覚えるのですが、30秒という短い時間でトランプのカードをストーリーにして覚えるので、非常に高い集中力が求められる競技です。ふつうならすごく緊張するところですが、彼は日本のテレビ番組の収録中も実に飄々《ひょうひょう》としていました。

高い集中力を必要とする場面で、日本の芸能人が何度も話しかけてきたことはいかがなものかと思うのですが、本人はまったく気にしていない様子でした。結果、番組収録では失敗してしまい、その場面は放送できなくなってしまったのですが、彼はあっけらかんとしていました。まったく執着心がありません。

失敗しても、執着しない＝No attachmentで、マイペースそのものです。執着をなくすというのはとても難しいことで、昔からそれ自体が、僧侶の精神修養とされてきました。

『America's Got Talent』で、彼が見事にトランプのカードを記憶する様子が放映されたときの映像があるのですが、その様子はさざ波もない静かな湖水のようです。審査員からも会場の観客からもあくびが出るような環境で、完璧にパフォーマンスを見せています。

派手な番組でも、地味と言われようが何だろうが、自分らしく世界一の技を披露してみせます。「番組だから盛り上げなきゃいけない」といった意識はゼロ、これぞ究極のマイペースです。カバン一つで世界のどこへでも出かけていくベン・プリッドモアの振る舞いは、ある意味崇高で、周りに振り回されてあくせく働く現代人が忘れていることではないでしょうか。

平常心が、成功を招く

マイペースで一つの仕事を愚直にやっていく。そして世界一になったとして、それでも失敗は起きる。そのとき自分はどう感じ、どう振る舞うのか。

通訳の仕事でも失敗はあります。ざわざわした会場で、話し手の言葉を聞き間違えて、まったく違った意味に訳したり、文脈と合わない勘違いをしてしまったり、いくら訓練を積んでも間違いは起きてしまうのです。私も、アンソニーのリーダーシップ・アカデミーの通訳をしたときに、Fire（解雇する）とHire（雇う）を聞き間違えてしまったことがあり、ものすごく落ち込んだことがあります。正反対の意味で、話が通らないのですが、通訳ブースからは会場の様子がわからないので、すぐに気づくことができませんでした。少し話が進展してから、「あれ？　話のつじつまが合わない」と自分で気がついて、その瞬間は愕然としました。

また、世界的な投資家のジム・ロジャーズの講演会では、準備のために読むべき本を間違えるという失敗もありました。同僚の通訳者は的確な本を読んでいたのに、私だけ話が見えなくて一瞬「何の話？」という状態になってしまいました。

そのときは、同僚に助けてもらってなんとか乗りきったのですが、準備のための資料を間違えるというのは、同時通訳者としてあってはならない間違いです。世界的な著名人の場合は著書が翻訳されているので、「定訳」というものがあり、同時通訳はそれに沿って行うものなのです。

このように、私も同時通訳の現場で「どうしよう」と青ざめるような失敗を何度も経験しています。その度に「通訳失格」と心底落ち込み、逃げ出したくなります。

実際に、間違いを苦にして通訳をやめてしまう人をたくさん見てきました。でも、失敗を気にせず乗り越えていけばいいと、ベンは言ってくれているような気がします。彼には、良い意味での無頓着、Nonchalantさがあり、それによってマイペースでいることの大切さを感じさせてくれます。

「失敗しても大丈夫」と思えば気持ちに余裕ができて、落ち着いて通訳できますが、「失敗したくない」と思えば思うほど失敗を引き寄せてしまいます。

ベンのようにNon-attachmentの状態が、ベストな結果を招くヒントだと思います。執着する気持ちの背景には、「私が正しい」「相手が悪い」という気持ちがあります。「失敗したくない」という気持ちも同じです。自分が正しい、自分が手柄を立てたいという思いに執着していると、もっと大きな本当の価値に気づけないのです。

反対に執着を手放すことができた後では、不可能と思えることが可能になり、奇跡が起きるのです。

執着せず自分の得意分野を最大限に活かしましょう。

第3章

憧れを最速で手に入れる「時間」と「お金」の使い方

脳の中のサーチエンジンが、最速の結果を導き出す

同時通訳は、グーグル翻訳のように左から右に訳しているのではなく、事前準備「プロファイリング」によって、話し手の頭の中をのぞき込みます。そして、講演や会議の内容に応じて話し手が発言しそうなことを予測し、実際に訳した言葉を口に出すときには、半ばその人になりきっています。

事前準備の際には、主催者や話し手からもらう資料だけでなく、インターネット上の情報や出版されたものも読み込みます。話し手の意図を正確に伝えるためには背景知識が欠かせないので、講演の内容がその人の著書と関連があるなら、必ず取り寄せて読みます。時間が許せば日英両方読みます。翻訳者が適訳をつくってくれているものは非常に助かります。

また、海外の著名人であれば、ＹｏｕＴｕｂｅ動画が必ずあるので、実際に話している様子を見て、発音の特徴をつかみ、実際に模擬同時通訳を行って準備します。話し方から受ける印象によって、自分の発声の仕方も、少しでも話し手の印象に近づけ

るようにしています。

依頼は数カ月前に受けることもあれば、ときには前日に「明日午後1時、資料はバイク便で届けます」と急遽依頼を受けることもあります。

日英の語彙の確認はもちろん、内容を理解していないと対応できないので、本番前日はいつも試験前の詰め込み勉強のような状況になります。専門用語は日本語でもふだんあまり使わないので、対訳単語帳をつくり、場合によっては模式図が必要なこともあります。準備してやっと同時通訳ができるのに、当日になって準備していたのと違う内容になるなど、臨機応変に対応しなければならないこともしばしば。

そうなると、やっぱり最後は、自分自身の記憶力と瞬発力が頼みです。

最大限に予習をしても、本番には必ず予測不能なことが起こる。そのときに頼りになるのが、記憶力と瞬発力。

脳がフル回転できるように、コンディションを整えておくことが欠かせません。喉を痛めないようにするのはもちろん、鼻が詰まっていると耳も聞こえにくくなるので、寒くて、空気が乾燥するときは気を遣います。

通訳者は脳と耳と声のパフォーマンスを最大化することに努めなければならないのですが、私はもともとそんなに頭がいいほうではないので、少しでも自分の脳をよく働かせたいと思い、脳科学には人一倍興味を持って勉強してきました。

脳のことを知ると、結局、脳をよく働かせるためには体の健康が欠かせないということがわかり、健康や予防医学にも人一倍関心を持っています。毎日運動をするのも、健康な体づくりはもちろんですが、通訳者として英語教育者として、最高のパフォーマンスをしたいと思っているからです。

憧れを手に入れるために読者の皆さんに絶対に知っておいていただきたいのが、ＲＡＳ＝Reticular Activating Systemです。

日本語では「網様体賦活系」といいます。耳慣れない言葉ですが、頭蓋骨の真ん中にある視床で感覚神経と繋がっていて、神経系からの情報を集めて脳内に届けたり、大脳からの指示を体に伝えたりする機能を持っています。

ＲＡＳは脳の中の情報フィルターであり、サーチエンジンです。感覚器官から入ってくる膨大な情報から必要なものだけを選り分けて脳がスムースに処理するのを助けています。

Ｅメールの受信トレイをイメージしてみてください。もし、受信トレイが迷惑メールだらけだったらどうですか？　とても非効率ですよね。必要な情報と不必要な情報を振り分ける、その機能が脳の中にもあると思ってください。

グーグル、ヤフー、Ｂｉｎｇといったサーチエンジンの検索ボックスに、自分が求めるものに一致した言葉を入れれば求める情報にたどり着けますが、違う言葉を入れてしまうとうまくいきません。

たとえば、ハワイ旅行の計画を立てようとしているとき、「ハワイ旅行」「格安」と入れるのと、「ハワイ旅行」「ラグジュアリー」と入れるのとでは、情報はまったく違ってきます。求めるものに合った言葉を入れないと、必要な情報にアクセスできず、求める結果は得られないわけです。

この脳のサーチエンジンをうまく使うことが、世界一の成功のカギになるのです。

検索ワードが間違っていると正しい情報にたどり着けない

脳のサーチエンジンに「私はダメ」「できない」を入力し続けていると、脳はその通りに動いてしまいます。つまり、「ダメ」な状態から「できない」自分を再確認する、これを繰り返すことになるのです。

ネイティブの英語が聞き取れなくて、とんちんかんな反応をしてしまったこと、自分の発音が悪くてネイティブに通じなくて恥ずかしい思いをしたこと、帰国子女の同僚がアメリカ人ゲストと楽しそうに談笑しているのに、私だけわからなくてポカンとしていたこと、うまく通訳できなくて上司にあきれられてしまったこと、一生懸命やっているのに、怒られてしまったこと……。

失敗した記憶ばかりが繰り返し思い出されて委縮してしまい、それでも気持ちを奮い立たせてやっているのに「やっぱりダメだった」「やっぱり私はダメなんだ」と、ネガティブな思いが強化されてしまうのです。

脳のサーチエンジンに入力する言葉が違うだけで、自分のパフォーマンスも、外からの評価も、報酬も飛躍的に変化するのです。

「できる」と思ってやるのと、「できない」と思ってやるのはこれだけ違う

成功哲学を知るのと知らないのとでは人生に大きな違いがあり、その第一歩が脳のサーチエンジンに「できる」と入力すること、「できる自己暗示法」です。

なんとなく始めるのではなく、「できる」と脳にたたき込んでから努力すると、定着する知識やスキルが自然と増えます。

また、英語に限らず、他の分野でも同じ効果があります。私は、スポーツや武道やダンス、料理も好きですが、「できる」と自己暗示をかけてからやるのと、そうでないのとでは上達のスピードが全然違います。

最初はすぐに効果を実感できないかもしれません。言語（大脳辺縁系）からの指令が、体をコントロールする神経まで行き届くのに時間がかかるからです。藪の中をかき分けて進む獣道の状態です。これを何回か繰り返しているうちに神経系の反応が良くなって、人が通れる道になり、県道になり、国道になり、バイパスができ、高速道路へとスピードアップしていくのです。

脳の仕組みを理解すれば、自分をコントロールできるようになる

「憧れ」を仕入れて、目標に向かって踏み出そうとするときに、脳の仕組みを知っているのといないのとでは雲泥の差があります。成功を手に入れるために最も効果的で、短期間で成果を感じられるのが、今お伝えしてきた脳の使い方です。

脳のサーチエンジンに入力する方法は、言葉を頭の中で繰り返し唱えるのでもいいのですが、声に出したり、紙に書いて目に見えるところに貼っておいたりしてもOKです。ただ、言葉とは裏腹に、無意識のうちに自分が欲しいものと違うものを入力してしまっていることがあるので注意が必要です。

私もそうでした。英語がペラペラになって、同時通訳として活躍したいと思いながら、一方で、英語が通じなくて失敗した過去の経験が頭の片隅にいて、常に欲しいものとは反対の方向に自分を誘導してしまっていたのです。

このような経験は誰にでもあると思います。

たとえば、痩せたいのに痩せられなかったときの私の頭の中はこうでした。

「家族の中で私だけが痩せにくい。子どもの頃から私だけ足が太かった」「ストレスで食べてしまうのは仕方がない」「私は痩せられない」……。

頭の中にある言葉と、自分が実際に口に出している言葉が繰り返されて強化され、脳は痩せられない証拠ばかりを集め、痩せられない行動を強化するように働きます。それをどうやって変えたかというと、エステやスポーツジムで効率良く痩せるためのノウハウを学び、少しでも痩せたら、「あ、痩せた」「私って偉い！」と自分を褒めるようにしたのです。痩せる量は問題ではありません。１００グラムでも２００グラムでもいいから痩せたら喜び、自分を褒めます。これを続けます。そうすると、10日後には１～２キロ痩せます。ここまでくると自信がついてきて、痩せ方もわかってくるのではずみがついて、１カ月で３～６キロ痩せます。

そうすると、見た目にも変化が表れてきて「痩せた？　きれいになったんじゃない？」と言われるようになります。そうしたら、思いっきり喜びましょう。

痩せること以外にも、たとえば「時間がない」を考えてみましょう。

「仕事が終わらない」「また残業だ」「土日は家事で忙しい」「子どもがまだ小さいか

ら無理」「親の介護があるから無理」「勉強する（自分に投資する）時間がない」「～だから無理」と、時間がない理由を考えていると、それが脳に暗示されてしまいます。そうではなくて「時間がある」「時間はつくれる」と脳に暗示をかけましょう。私が時間を見つけるときには、体と目、耳、口を分けて考えます。「ながら」時間活用法です。

たとえば朝、顔を洗ったり、歯を磨いたり着替えをしたり、身支度をしたりしているとき、手は動かしているけれど耳と口は空いているので、耳を使ってできることをします。たとえば、ドイツ語教材を聞きます。

オンライン会議で、スタッフからの報告・連絡・相談を聞いているだけのときは、手が空いているので、料理の支度をしておいて聞きながら食べます。自分が話す番になる前に食事を済ませてしまえば、会議終了後は速やかに次の行動に移れるので効率的です。オンライン会議は、他の人の話を聞いて「聞こえてますよ。どうぞ話を進めてください」と言って画面をオフにしておけば、ず～っと自分の顔が画面に映っていなくてもいいので、このように効率良く時間を使うこともできます。

ただ、顔を見ながら双方向でやり取りしなければいけないときは、これはできないので、会議のタイムテーブルをつくっておいて、段取りよく進める必要があります。

また、待ち合わせがあるなら、移動中や隙間時間に読む本や資料を用意しておいて、5分、10分の隙間に読みます。データとしてスマホに保存しておけば、荷物も少なくて済みます。電車やタクシーで移動中、待ち合わせの合間など、1回あたりは5分、10分でも、1日2~3回の隙間時間は誰でもあるはずです。そうすると、一般的なビジネス書なら1週間で1冊読めます。

これを積み重ねていけば、1年で40~50冊読めることになります。

私がTOEIC960点を取れたのは、「ながら」時間活用の勉強法の成果でもあります。

ブライアン・トレーシーは、「仕事で一流になりたいなら、自分の専門分野の本を毎日30分読むことだ」と言っていますが、まとまって30分取れなくても、隙間時間をかき集めても読む時間さえあればいいわけです。起業したい場合も同じです。

起業のために必要な情報を集める時間も同じような方法でつくることができます。

隙間時間をうまく使って今までやっていたことを半分の時間で終わらせるようにし

て、講演を聞きに行ったり、勉強会に参加したり、人と会って話を聞いたりすることもできます。

いつも「時間がない」と考えていると、それが信念になって、「無理」となってしまいます。隙間時間でも「ながら」でも、時間は時間。「時間がある」と思い込めば、時間の捉え方が変わり、脳が時間を見つけてくれるのです。

貯金なしの修業時代から、年収１０００万円に激増した成功体験

目標達成に向けて何か新しいことを始めるとき、自分に投資する資金が必要なことがあります。でも、「お金がないから無理」となったら残念ですよね。

「お金がない」「またお金が出ていっちゃった」「これしか買えない」など、お金に対するネガティブな思いを脳に入力しているとお金は増えません。同じ金額であったとしても、「お金がこんなにある」「お金を払えてよかった」「こんなに買えた」と、お金に感謝してポジティブな思いを入力していると好循環が生まれます。

「お金が嫌いな人なんているの？」と思うかもしれませんが、深層心理では、お金に

対する嫌悪感や恐怖心を持っている人は多いものです。

「お金は汚いものだ」「お金を欲しがるなんて強欲だ」「お金があると余計な心配が増える」「豪邸に住んでいると泥棒に狙われる」「詐欺に騙されるくらいならお金なんかないほうがいい」など、お金を嫌ったり怖がったりしていませんか？

もしそうだとしたら、「もっとお金があったら自分に投資するのにな〜」と思っていても、なかなか思い通りになりません。結果、「お金がないからやっぱり無理」となってしまいます。

「お金があると成長できる」「お金があれば幸せになれる」「お金があれば良いことにお金を使える」と、ポジティブな思いに変えましょう。


お金に関する私の経験を少し紹介します。20歳のとき、所持金6円という悲惨な経験をし、27歳で、目指していた年収１０００万円を超えるようになりました。でも、その数年後に投資詐欺に遭って２０００万円を失ったうえ、７００万円の借金を抱えることになってしまいました。その返済のためにあくせく働いたり、仕事のストレスで病気になったりもしました。そして44歳のときに起業して年商億を超えたものの、経営に失敗してお金を失ったり、立て直したり……と波乱万丈を繰り返してきました。

初めて社内通訳の仕事で雇ってくれた会社や、ＩＴ業界でいろいろなことを教えてくれた技術者の方々のおかげで仕事のスキルアップができて稼げるようになったのに、若気の至りで横柄な態度をとり、周りの人に嫌な思いをさせてしまったこともありました。投資詐欺に遭ったときは、自分に向いていないことをやろうとしたからストップがかかったのかなと思います。経営で失敗したことも、経営者として一回り大きく成長するために必要なことだったと思います。

今、手にするお金が増えたときや、お金を失ったときのことを振り返ると、自分が気づいていなかったことに気づかせてくれる貴重な体験だったと思います。

もし、今あなたがお金に対してネガティブな思いを持っていて、お金のことから目を背けたい気持ちが起こるのであれば、一度、お金をめぐる自分の経験を振り返ってみてください。

アルバイトをして初めて自分でお金を稼いだときのこと。友だちにお金を貸したら返してくれなかった。クラスのお金持ちの人にバカにされた。就職して初任給で買ったもの。一生懸命働いたのに評価されず、昇給できなかった。高く評価されて昇給した。高い買い物をして家族とけんかになった。家を買うためにローンを組んだ。株式や投信に投資して成功した・失敗した……。

「あのときの経験があるから、自分はお金に対してこんな思いを持っているんだ」と気づくはずです。

お金のおかげで今のあなたの生活があります。学生さんであれば、ご両親のお金やアルバイトや奨学金で勉強しているかもしれません。そういう意味では、お金はあなたやあなたを支えてくれている人たちの分身です。多くても少なくても関係ありません。お金にきれい・汚いはありません。

ただ、虚栄心でお金を求めたり、お金持ちをうらやんだりしていると間違えます。虚栄心の場合、「お金があると偉い」ということになり、お金がなければ自分を否定することになってしまいます。「どうして私はあの人よりお金がないの？」と他人をうらやんでいると、自分に対するネガティブな気持ちを引き寄せてしまいます。

お金と向き合うことで自分が見えてきます。そうして、見えてきた自分を認めて褒めてあげてください。お金に対してもポジティブに感じられるはずです。

やめましょう！　自己人権侵害

私の講座の受講生には、しつこく本当に自分が求めているものを脳に入力できているかを質問しています。本当に欲しいものを知るためには、自分を知り、ありのままの自分を認め、愛することです。

でも、自分を心から愛することは意外と難しいものです。誰でも自分がかわいいと言いますが、実際には「自己人権侵害」をしている人のほうが多いと私は思います。自分がかわいいというのは、これまでの自分の枠の中に閉じこもっていて、本当の可能性に気づいていない状態です。「もっと成長したい」「でも、私には無理」と、一方で伸びようとしていて、他方では、自分で自分の頭を押さえつけているのです。

伸びようとする自分を認め、愛せばそのますますすくすくと伸びていけるのに、どうしてそれを止めようとしてしまうのでしょうか。

時間やお金が理由ということもありますが、それまでの人間関係からくる「トラウマ」が根深い問題になっていることがけっこうあります。自分ではトラウマと意識していなくても、他人から言われた否定的な言葉が自分に対する否定的な思い込みになっていることが多いのです。

私の経験から言うと、否定的なことを言われた経験は数知れず。たとえば、

①20歳のとき通訳学校に入ろうとしたのですが、「バイリンガルの人でさえ一人前の通訳になるまで10年かかるのに、20歳でTOEIC280点じゃあ、とても無理。夢は諦めてうちのスタッフになりませんか？」と言われました。

②33歳で早稲田大学を卒業し、起業しようとしたときに、「そのアイデアじゃ、ありきたりだから起業は無理」と言われました。

③45歳のとき、日本の英語教育を改革する「英語維新」の構想を人に話したら、「あなたの外国人みたいな性格じゃ、地方の人には受け入れられないから無理。誰も相手にしないでしょう」と言われました。

否定的なことを言われるたびに、「無理かも」「いやいや私はやる」という自分の中での戦いがあります。その結果、

①ショックを受けて諦めそうになりましたが、半年間でTOEIC805点までス

コアを上げて、英会話教室の講師になり、通訳学校に通い夢への一歩を踏み出しました。そして、通訳になって20年、世界の一流の方々や国際会議の同時通訳を務めさせていただけるようになりました。

② 33歳のときは諦めてしまいましたが、約10年後に起業し、年商は2年目で7倍を超えました。

③ 全国の受講生の皆さんの協力のおかげで、すでに1万人以上の人に速ペラリスインを体験していただき、英語が聴き取れるようになるのを実感してもらっています。

私の場合は、否定的なことを言われても最後にはやり抜くことができたのですが、うまくいかないことがあると、引きずられそうになる自分も感じました。特にきつかったのが、身内や親しい友人などの言葉です。

「そんなに英語をがんばったら嫁に行けなくなるぞ（父）」「通訳は無理なんだから、諦めて事務職として働けば？（通訳学校の社長）」「その程度のアイデアなら他社でもいっぱいやってるから難しいと思うよ（起業の相談をした人）」などなど。

こういう言葉に耳を貸してしまうと、自己人権侵害になってしまいます。

否定的なことを言われても、自分は自分、他人は他人と割りきりましょう。否定的なことを言う人は、あなたが欲していることを実現している人、夢を叶えた人ではないのです。やり方がわからないから無理と言っているだけです。それで人間関係に支障をきたすなら、それまでの縁ということです。

そうはいっても、「無理だからやめなさい」と言ってくる人は、どうしても気にしてしまうもの。身内や親しい人だと頻繁に言われてしまうかもしれません。そんなときはどう対処したらいいでしょうか。

「こんなひどいことを言われたの」と嘆き、くよくよ考えたり、愚痴ったりしていると、「無理」「できない」が脳に入力されてしまいます。許せないとき、それを考え続け、誰かに話せば話すほどマイナスの気分になってしまいます。

否定的なことを言われてもさっさと忘れましょう。それには楽しいことをしたり考えたり、ぐっすり眠ったりして気分を変えるのが一番です。

そして、改めて欲しいことを脳に入力しましょう。実際に、夢が実現しているところを思い描いて、何度でも口に出して、公言しましょう。もしまた何か言われたら、「できなかったときに傷つくのはあなたじゃないから心配しなくても大丈夫」とかわしましょう。

あなたには「できる」から夢を描けるのです。できない人の声に耳を貸す必要はありません。

Change subject! 脳の中の話題を変えるのです。

第4章

心のブレーキの外し方

同時通訳は「格闘技」

2010年11月、私はニュージャージー州にあるニューアーク・リバティ国際空港のラウンジにいました。3日間のアンソニー・ロビンズのUPWセミナーの同時通訳を終え、帰国の途に就くところでした。ぐったりとソファに深く座り込み、視点も定まらず、どこか夢の中をさまよっているような状態でした。頭の中で英語と日本語が行ったり来たりしていました。

I did it. I survived the storm.

終わった……。なんとか生き延びた。

先述したように、同時通訳は「言葉の格闘技」です。

何時間にもわたって、脳と声帯をフル稼働します。英語の話者が話したことを文字通りに訳すだけでは意図が伝わらないため、ぴったりした日本語を探すために、脳はフル稼働状態になります。英語が聞こえてくるやいなや、瞬時に話者の意図を読み取り、そのニュアンスまで伝えられるような日本語の言葉を探し、はっきり聞き取れるように声に出し、同時に話し手の言葉をもらさず聞き取る、ということを何時間も続ける様子が格闘技にたとえられるのです。

講師のアンソニー・ロビンズはとんでもなく早口で大声です。その声の迫力を伝えようと私も必死でした。次から次へと繰り出される格闘技の技を受けながら、同時に全力疾走しているようでした。

当時の私は、同時通訳の仕事を始めて18年目になっていました。さまざまな厳しい現場を経験してきて、相当のキャリアも積んできていました。にもかかわらず、UPWセミナーは、それまで経験したことがないほどの過酷な現場でした。

Can I go back alive?

生きて帰れるのだろうか？

3日間で合計40時間にも及ぶ長丁場の最中、何度もそんな疑問が頭をよぎりました。

長時間の同時通訳の場合、8時間を3人で10〜15分交代で回します。でも、そのときは、最初の２日間は２人しか通訳がおらず、自分の番が終わって、トイレに行って、戻って呼吸を整えるだけで、すぐに次の順番が回ってきてしまいました。６０００人の聴衆が参加する広い会場で、通訳ブースからトイレに行くにも駆け足で行かなければなりませんでした。３人で回すときは、同僚と情報交換したり相談したりすることもできるのですが、とてもそんな余裕はありませんでした。

とにかく受け持ちの10分間全力疾走して倒れ込みそうになりながら、同僚にバトンを渡す、10分経ったら向こうから必死で走ってくる同僚のバトンを受け取ってまた全力疾走……と、その繰り返しでした。

セミナーは予定を大幅に超え、１日のセッションは15時間に及んだため、２日目の夜には私も同僚もくたくたで、生きた心地がしませんでした。

３日目に３人目の通訳がやってくると少し余裕ができて、通訳の私も一部セミナーに参加することができました。通訳ブースという狭い部屋を出て、広いセミナー会場で直に講師の話を聞くと、今度は６０００人の聴衆の熱気に圧倒されました。

体の大きな欧米人に囲まれると、小柄な私は、大人に囲まれた子どものようでした。でも、会場の端にいる私にも、アンソニーのパワーはビシビシと伝わってきました。

ＮＬＰ（神経言語プログラミング）を使ったアンソニーのセミナーは過去40年間、世界中で行われています。彼の動画教材やセミナー、コーチングによって世界中で何百万人もの人が人生を変える経験をしており、著名な政治家やスポーツ選手、俳優など、多くの著名人が彼のクライアントとして名を連ねています。その圧倒的な実績から、アンソニーは「世界ナンバー1コーチ」として不動の地位を築いています。

世界中から参加者が集まるため、通訳ブースも日本語だけでなく、ロシア語、ドイツ語、フランス語、イタリア語、中国語など、多岐にわたっていました。数いる通訳者の中で女性は私だけでした。アンソニーは2メートルを超える大男ですし、セミナーで発する語彙や話し方も男性的でパワフルなので、それを伝える通訳も男性のほうが適任とされるわけです。そんな中で、日本人だけ女性の通訳であるために、アンソニーの迫力が伝わらないようなことがあってはならないと、3日間、必死でお腹の底から力強い声を出し続けていました。

アンソニーになりきって走り続けた3日間の死闘の末に、６０００人の聴衆とともにその声を聞き、体を動かしたり、声を出したりしながら参加したそのセッションは、私の人生にとって特別なものになりました。

Little Voiceが消えた後の世界

自分自身の変化に気づいたのは、仕事のオファーのメールを見ていたときのことでした。

「今度の国際会議で、同時通訳をお願いできますか」

仕事の詳細を読んでいると、それまでやりたくても手が届かなかった仕事であることがわかり、うれしさのあまり思わずパソコンに向かって「Ｙｅｓ！」と叫んでしまいました。でも、その段階では、「たまたま先輩通訳者たちのスケジュールが合わなかったのかな」くらいに思っていました。

やがて、11月も中旬を過ぎ、翌年の仕事のオファーが入ってくる季節となりました。

　来年○月、○○大臣の記者会見の同時通訳をお願いします。

　来年のアフリカ開発会議の同時通訳をお願いしたいんですが、前日のレセプションも含めて1週間スケジュールを空けておいてもらえますか？

来年○月○日から2日間、人気講師の○○のセミナー通訳を、ぜひ小熊さんにお願いしたいんですが……。


　国の首脳陣が集う国際会議での同時通訳、一流の講師のセミナー通訳と、明らかにそれまで受けていた仕事とは質の違う仕事のオファーが入ってきました。しかも先輩通訳者の背中を見ながら「いつか私も」と思っていたような仕事ばかりです。そのときようやく悪魔のささやきであるLittle Voiceが完全に消えていることに気づきました。

　そんなある日、通訳エージェントの社長から「テレビ出演のオーディション」という件名のメールが届きました。それを目にしたときには、思わず「あ！」と声を出してしまいました。

　私の中で何かが完全に変わったことを、そのときようやく理解しました。

　さらに、そのオーディションの合格がきっかけで、当時の夢の一つだったテレビ出演が決まっただけでなく、通訳エージェントの社長さんを通じて紹介いただいた出版コーディネーターのおかげで、出版企画まで実現することになりました。私の英語の勉強法を多くの人に知ってほしいと考えて提案したものだったのですが、多くの人に共感していただき、わずか2カ月で8万部超えのベストセラーになりました。

心のブレーキはどうやったら外せるのか？

私が「うだつの上がらない通訳」から、国を代表する首脳や、ノーベル賞受賞者など、世界一の方々の通訳に変われたのは、心のブレーキを外すことができたからです。「心のブレーキ」は、誰の心にもある「恐れ」の感情です。「うまくいかなかったら恥ずかしい」「失敗したらどうしよう」「嫌われるのが怖くて言えない」「そんなことできない」という気持ちです。

私の場合は、

「自分よりも英語が上手な人が目の前にいると話せない」

「英検1級、TOEIC960点でも、英語が下手と思われたらどうしよう」

「通訳を10年以上やってるのにうまく伝わらなかったら恥ずかしい」

このような恐れがブレーキになって、通訳者として芽が出なかったのです。

それが、ＵＰＷセミナーで自分の中の恐れを認めることで、心のブレーキを外すことができました。それが私に自己変革をもたらしたのです。

ただし、一度恐れを克服しても、自分の成長ステージとともに新たな恐れが表れます。国内外の首脳、世界的な著名人、一流の講演家たちの通訳を務め、テレビ出演するようになり、本を出版し、とんとん拍子に物事が運ぶようになると今度は「このまま成功し続けたらどうしよう」という恐れが生じてきたのです。

では、どうしたら恐れを克服することができるでしょうか。アンソニー・ロビンズのやり方は、

Dance with fears.
恐れとダンスする。

つまり、恐れに立ち向かうのではなく、受け入れて一緒に踊るのです。

恐れとダンスするために、自分の内面と向き合って、心のブレーキとなっている恐れをあぶり出します。

たとえば、私の場合はこんなにたくさんありました。

「私は英語ができない／私は成功できない／私は幸せになれない／私は痩せるわけない／私は稼げない／私はすぐ諦めてしまう／私は努力してもできない／私は簡単に学べない／私はなかなか変われない／私には才能がない」

頭の中で思い浮かべるだけでなく、紙に書き出すことで恐れを客観視することができます。

まず、「すべての恐れを書き出す」日にちと時間を決めましょう。そして、自分に正直になりましょう。始める前に、「心のブレーキが外れるメリット」を想像してください。そして、「心のブレーキが外れないデメリット」を想像してください。私の場合はこうです。

メリット＝世界の一流の通訳を務め、収入が何倍にも増え、夢もすべて叶う。

デメリット＝今のままか、それ以下。ずっとうだつが上がらない。金銭的にも苦労する。

メリットがデメリットよりも大きくなるように想像力を働かせましょう。そして、外さないことによるデメリットに苦しみ続ける人生と、外すことによってメリットを得られる人生、どちらがいいか考えてみてください。

恐れを全部書き出したら、思いっきり取り消し線を引いて書き換えます。

1. 私は英語ができない。→私は英語ができる。
2. 私は成功できない。→私は成功できる。
3. 私は幸せになれない。→私は幸せになれる。
4. 私は痩せるわけない。→私は痩せる。
5. 私は稼げない。→私は稼げる。
6. 私はすぐ諦めてしまう。→私は必ず続ける。
7. 私は努力してもできない。→私はできる。
8. 私は簡単に学べない。→私はすぐに学べる。

9. 私はなかなか変われない。 →私はすぐに変われる。
10. 私には才能がない。 →私は才能にあふれている。

うまくいかないことは多くの場合、言語化できていなくてももやもやしたものです。言語化し、文字化して見える化し、さらに「こうありたい」というかたちに書き換えることで、人間は変われるのです。書き換えたものを目につくところに貼って、毎日見て、声に出して読み上げて、自分の脳に焼きつけましょう。

あなたが信じきることができれば、今すぐに結果を体感できます。もしあなたの中に少しでも疑念がある場合は、今日、明日では結果は出てこないかもしれませんが、脳内の神経回路が獣道から太くなるよう毎朝繰り返し唱えることで、1週間、10日、1カ月と続けているうちに必ず変化を感じるはずです。

最初は言葉が脳に刷り込まれます。そうすると思考が変わります。思考が変わると行動が変わります。行動を繰り返しているとあなた自身が変わります。

Let's make yourself unstoppable.
止まらない自分になりましょう。

成功マインドをつくれば加速度的に成長できる

私は英語講座の受講生にもしつこく「心のブレーキの外し方」を伝えているのですが、これを本気でやるかどうかによって成果に明らかな差が出ます。英語力だけでなく、収入や目標達成の度合いがまったく違うのです。

実は、英語講座を始めたばかりの頃は、心のブレーキを外すエクササイズを盛り込んでいませんでした。でも、最初からやったほうがその後の成長のスピードが速いことがわかり、今では、講座の初回からマインドを強くするための「心のブレーキ外し」を行っています。

通訳講座を受講して半年で通訳デビューを果たし、とても通訳初心者とは思えない堂々としたパフォーマンスを見せた2人の受講生がいます。2人とも、仕事に家事に子育てに忙しい主婦で、学生時代のほかは英語を本格的に勉強したことはなかったそうです。

Ａさんは、受験勉強をするお子さんに「英語を勉強しなさい」と言うのに、自分が中途半端な英語力では子どものお手本にならないと、一念発起して通訳講座を受講することを決めました。忙しい主婦が勉強の時間を確保するためには、家族の理解と協力が不可欠です。そこで、受講する前に、家族会議を開いて、ご主人やお子さんに思いを伝えたそうです。

「今さら英語？　お母さん、何言っているの」と反対されるのも覚悟の上だったそうですが、ご主人が「そこまで言うならやってみたら」と応援してくれ、Ａさんの勉強の日々が始まりました。

講義の時間以外は、家族の夕飯の片づけが終わった後、毎日1時間机に向かう時間を確保して同時通訳の練習に励み、家事をしている間はずっと英語リスニングを行っていたそうです。

講座で「心のブレーキ外し」エクササイズを行い、その後自宅で勉強するときは必ず「私はできる！」「私は全部覚えられる！」「私は絶対通訳者になる！」と自分に宣言していました。私の通訳講座では、毎回必ず本番さながらの実践的な通訳演習を行うのですが、Aさんはいつも真っ先に手を挙げていました。

そして、3カ月の通訳講座のカリキュラムが終わって、数カ月後にTEDxの通訳依頼があり、Aさんはそのチャンスをつかんだのです。本番の前日の夕方に決まって、準備の時間もそんなになかったのですが、Aさんは「通訳の話が来たら受ける」と決めていたので、自信を持って手を挙げることができたのです。短時間でも効率良く準備ができ、本番も、初心者とは思えないほど落ち着いてしっかり対応できていました。講座ではTEDの動画を使用し、本番さながらの演習を行っていたので、「私はできる」と確信できたのだそうです。

私自身、通訳デビューまでに3年かかっていますから、これには驚きました。

もう一人のBさんは、学生時代から社会人生活とずっと英語に触れる機会はあり、仕事やボランティアでたまに通訳を頼まれることはあったそうですが、プロとして本格的な通訳は初めてという方でした。翻訳の勉強をしたことがあったというのは通訳をするうえでも彼女の強みになったと思います。ただ、書き言葉の翻訳と、話し言葉の通訳では求められるスキルが違うため、本番形式の演習や自宅での練習課題には人一倍集中して取り組んでいました。

彼女も忙しくて、机に向かってじっくり勉強する時間が限られていたため、通勤時間や家事の時間の「ながらリスニング」を活用していました。

そして、初めての通訳の本番を迎えたときには、見事にやり遂げました。彼女がすごいのは、その場には英語のネイティブ・スピーカーや内容に詳しい専門家も参加していたのに、プレッシャーを乗り越えて通訳という自分の役割に集中してできたことです。

通訳初心者にはよくあることなのですが、目の前に自分よりも英語が上手な人や専門知識のある人がいると気後れしてしまうのです。通訳デビューの直後に私が感想を聞いたときも、「通訳講座で『恐れとダンス』し、マインドを強くするエクササイズを行っていたので、気にせず通訳という自分の役割に集中することができました」と言っていました。

このエクササイズによって心のブレーキを外すと、誰もが持っている本来の能力を発揮することができるのです。

成長を加速させるトラウマ解消脳内エクササイズ

恐れを書き出しているうちに、「いつから○○を恐れるようになったんだろう?」「どうしてだろう?」という疑問が出てくるかもしれません。そして、恐れの原因となった出来事を思い出すのではないでしょうか。「あのとき嫌な思いをしたからだ」「あのときは恥ずかしかった」「二度とあんな思いはしたくない」などなど。

そんなトラウマを解消して、心が軽やかになると、成長のスピードがアップします。

私の場合は、英語に関するトラウマが山のようにあったので、全部変えました。

「ホームステイ先で英語が全然通じなかった」

↓「ホームステイでの英語のミスで復習いらずの効果的な学習ができた」

「通訳学校に入ろうとしたら無理って言われた」

↓「無理と言われても諦めずに通訳学校で学びで苦戦したから、心のブレーキ外しで一気に一流の通訳として活躍」

「単語を間違えて笑われた」
↓「間違えた恥ずかしい体験のおかげで、復習いらずの効果的な学習ができ、精神的にもタフになった」
「英検１級なのに、帰国子女の受付の人より英語が下手って思われている」
↓「英検１級合格しても映画の英語がわからなかった悔しさから、速ペラリスインメソッドを開発できた」
「ＴＯＥＩＣ９６０点なのに、ネイティブの冗談もわからないって見下されている」
↓「コメディ映画を見て冗談がわかるようになり、ネイティブと一緒に笑えた」
「一生懸命通訳したのに、細かいミスを指摘された」
↓「細かいところまで気を配って正確な通訳ができた」

皆さんもぜひやってみてください。慣れてきたら脳内だけでやってもいいのですが、最初のうちは書き出して可視化しましょう。いったん可視化したものを粉々に破り捨てることで、脳が「終わったことだ。過去のことだ」と認識します。

自分を許せると他人も許せるので、人間関係の悩みがなくなる

トラウマから抜け出せないときは、自己肯定感が低く、ありのままの自分を否定している状態です。

トラウマは、人間関係の中で起きたことが原因であることが多いと思います。誰かに否定的なことを言われたこと、失敗したこと、失敗を責められたことなどです。

でも、自己肯定感を取り戻すために因果関係を考えたり、心理分析をしたり、理屈をあれこれ考えたりする必要はありません。先ほど紹介したブライアン・トレーシーの「I like myself.」をお経のように唱えるだけでもいいのです。

想像してみてください。自己肯定感が高く自信にあふれている自分と、自己肯定感が低く自信のない自分を。

前者は何でもチャレンジし、どんどん新しいことを吸収し、成長していきます。充実感と幸福感にあふれています。後者は、チャンスが目の前にあっても尻込みして自分の殻に閉じこもったまま、成長もできません。

どちらが本来の自分でしょうか。前者の状態で一生過ごすのと、後者の状態で一生過ごすのではどちらの人生がいいですか？

あなたが本来の自分を取り戻し、能力を発揮することは、あなただけの幸せにとどまらず、家庭や職場や友人・知人、多くの人にも良い影響をもたらすことになります。自分自身を認め、許し、愛することは、自分一人の幸せだけではなく、多くの人の幸せにも貢献できるのです。

私の英語講座では、自己愛を深めるエクササイズを行っています。

【自己愛、自己肯定感、自信を深めるエクササイズ】

1. 自分を褒める。
2. 自分の強みを書き出す。
3. 自分の弱みを書き出す（弱みを強みに書き換える）。
4. 自分が達成したことを書き出す。
5. 自分が感動したことを書き出す。
6. 自分が感謝したことを書き出す。

これだけのことですが、「心のブレーキ外し」エクササイズと同じで、必ず、自分の頭の中だけでやらずに、紙に書き出してみてください。「自分を褒めるなんて恥ずかしくてできない」と思う方もいるかもしれませんが、一人の時間を確保して、誰にも見られないところでやれば大丈夫です。

自己愛を深めるエクササイズに抵抗感がある人は、自己愛がないデメリットと自己愛があるメリットとを書き出して比べてみてください。

【自己愛がないデメリット】

・誰からも愛されない孤独感。
・何をやってもうまくいかない虚無感。
・誰かがなんとかしてくれるのを待っているくれくれ星人。
・自信がないから意見が言えない。反論されるとすぐ折れてしまう。
・勇気が出せない、行動できないから充実感もなく満たされない不満でいっぱい。
・満たされない気持ちを何か他のもので埋めようとしてしまう依存と中毒。

・他人を許せないからいつも衝突してしまう。
・夢があっても行動できないから叶わない。
・自分の判断に自信がないから騙されるんじゃないかといつもビクビク。

【自己愛があるメリット】

・自分が愛で満たされているから他人からも愛される。
・自分から行動して成果を得る達成感。
・自信を持って意見を言える。反論されても揺らがない。
・勇気を持って行動できるから充実感があり、満たされる。
・満たされているから何かに頼らなくていい。暴飲暴食、お酒やたばこも不要。
・他人を許せるから衝突がなく、人間関係に恵まれる。
・夢に向かって行動できるから夢が叶う。
・自分の判断に自信があるから他人を信頼できる。

自己愛が深まると、内面はもちろん、外見にも変化が表れます。私の場合、自己愛がないときは見た目にも自信がなく、男性にも恐怖心を抱いていました。時間を守れず、いつも遅刻、お金の不安を抱えていて、投資詐欺に遭い、借金まで抱えることになってしまいました。がんばっても認められず、むしろ批判されてばかりでした。

それが自己愛のエクササイズを続けているうちに、見た目にもスタイルにも自信が持てるようになり、男性恐怖症もなくなりました。お金の不安も解消し、人を信じられるようになりました。人とぶつかることがなくなり、応援してもらえるようになりました。仕事でも、私が苦手なことを補ってくれるような人とのご縁ができてスムースに進められるようになりました。

世界一の人はみんなやっているマインドフルネス

心のブレーキを外し、自己愛のエクササイズの効果をさらに高めてくれるのが「マインドフルネス」です。マインドフルネスについては聞いたことがある方も多いと思いますが、一言でいうと、「過去や未来に意識を向けるのではなく、今、この瞬間を大切にする生き方」のことです。

人間は多くの時間を、過去や未来のことを考えて過ごしていて、今、この瞬間のことに集中している時間は意外と少ないものです。会議中にメモを取りながら、別の仕事のことが気になってしまったり、家族の話を聞いているときに別のことに気を取られて上の空になっていたり、本を読んでいても字面を追っているだけでまったく別のことを考えていたり、食事をしながら以前食べたもののことを思い出し、今食べているものをじっくりと味わっていなかったり……。

では、どうしたら今、この瞬間を大切に生きられるでしょうか。

それはズバリ、瞑想です。

目をつぶってリラックスすれば、やり方は何でも構いません。場所はどこでもいいし、立っていても座っていても、体を横たえてもＯＫ。ただ、呼吸はふだんよりも深く長いほうがいいと思います。胸式呼吸でもダメなことはないのですが、呼吸が浅くなりがちなので、腹式で深く息を吸って吐いてを繰り返していると、体の緊張もほぐれてリラックスできるのでお勧めです。

続ける時間も自由です。1時間でも、20分でも5分でも、長くても短くてもＯＫです。ただ、静かな場所のほうが向いています。気持ちがいいと感じる場所でできれば効果的です。

本書で紹介した世界一の人たちをはじめ、成功者たちの多くが瞑想を日々のルーティーンに取り入れています。ロジャー・ハミルトンは移動中、空港のラウンジなどで搭乗待ちのあいだに瞑想することもあるそうです。

世界一の人たちの、早朝成功習慣

マインドフルネス、瞑想と並んで成功のために大事なのが、朝の時間の使い方です。ブライアン・トレーシーは「朝の習慣が一番大切」と言っています。

彼が本や講演で言っている朝の習慣は次の通りです。朝というか、夜から始まっています。

【ブライアン・トレーシーの朝習慣】

1. 寝る前に、次の日にやることを計画しておく。
2. 朝一番にその日の目標を立てる。
3. メールやSNSを絶対見ない（朝一番にやるべき大切な作業が終わるまで見ない）。
4. 運動する。ヨガやストレッチを中心に。もっと運動したいときは1時間ほど早起きして水泳やウォーキングなどの有酸素運動。
5. 読書をする。自分が興味のある（仕事に役立つ）分野の本を30分だけ読む。
6. 瞑想する。

夜のうちに次の日にやることを計画しておくと、寝ている間に潜在意識が整理しておいてくれるのだそうです。だいたいいつも朝のアポイントの2時間前、6時半頃に起きて、最初の1時間で運動し、シャワーを浴びて、身支度を整え、静かに読書をし、瞑想で心を整えます。そして、後半の1時間で朝食を摂ります。

アンソニー・ロビンズの朝の習慣は、約10分間の「プライミング」です。

【アンソニー・ロビンズの朝習慣＝プライミング】

1. インド式呼吸法（両手を上げ、力強く肩まで下ろしながら息を強く吸い込む）30回。
2. 過去の感謝ワーク。感謝していること、感謝にあふれた美しい瞬間を思い出し、その喜びを思いっきり味わう。
3. 癒しの光のシャワーワーク。自分と周りの人に癒しの光が降り注いでいる様子をビジュアライゼーション。
4. 目標達成した状態をビジュアライゼーション。そのときの喜びや達成感、充実感を味わう。心から欲しいものをＲＡＳ（脳のサーチエンジン）に入力する。
5. 魂を解き放つ。心を解放する。

次に、ロジャー・ハミルトンのルーティーンを紹介します。

【ロジャー・ハミルトンの8つの質問】

1. What am I grateful for?　私が感謝していることは？
　→　一日を感謝で始めると気持ち良く過ごせる。
2. Who do I love?　私が愛しているのは？

↓　びっくりするような人が出てくることもあり、自分の本心がわかる。

3. Why am I so happy?　どうしてこんなに幸せなんだろう？

↓　幸せじゃないときも幸せなことを感じることで良い精神状態に。

4. What am I committed to?　私が打ち込んでいるものは？

↓　健康や家族のことなど、何かおざなりになっていないかもここでチェック。

5. How committed am I?　私はどのように打ち込んでいる？

↓　油断しているとき、十分注意していないなどの問題を洗い出す。

6. What is my intention today?　To make magic in my relationships.
今日、私が意図することは？　私の人間関係に魔法をかけること。

↓　良い人間関係、クリエイティブな人間関係を築くために効果的。

7. What is my wish?　私は何を望んでいる？

↓　迷いがなくなる。

8. Why am I here?　私はどうしてここにいるのか？

↓　人生の意味を考える。

朝一番で自分に問いかけることによって、脳の中をクリアにし、一日の行動の指針が決まるのだそうです。この８つの質問にこだわらなくてもいいので、自分の頭がクリアになる質問を考えて、毎朝自分に問いかけてみてください。

24時間365日を無駄なく使いたおす、世界一の時間管理法

世界一の成功者たちはどうやって時間を管理しているのでしょうか。

子どもでも大人でも、大富豪でも一般庶民でも、地球上に住むすべての人に与えられているのが１日＝24時間という時間です。ところが、同じ時間でも楽しい時間と退屈な時間では感じ方はまったく違います。

Time flies when you’re having fun.（楽しい時間は嚆矢《こうし》のごとし）

Time slows down when you’re bored.（退屈な時間はなかなか過ぎません）

つまり、時間は有限だけれど、自分の感じ方や見方次第でコントロールできるということです。世界一の成功者たちの時間の使い方で重要なのが、自分の得意・不得意の選別と優先順位づけです。

【どんなに忙しくても余裕ができる時間の使い方】

1. 作業時間を減らす。作業と仕事の分別はとても重要なので、よく考えること。

①　自分でなくてもできる作業と、自分にしかできないことを分別する。

②　自分でなくてもできる作業は可能な限り、外注したり、他人に任せたりする。

仕事に限らず、家事などでも同じように考えること。

2. 作業項目を減らす→手順の効率を上げる。

①　目標達成にとって必要な最低限のことだけに項目を絞る。集中すると一番高い能力を発揮できるので、自分の脳に余計なことをやらせない。

②　仕事を書き出して、得意な（成果を出せる）ことから優先順位づけをして、3つに絞る。

3. 前夜に予定を計画し書き出し、寝ている間に無意識に整理させる。

4. 期限を使って脳を効率良く働かせる。脳は期限があるとそれまでに終わらせようとするので締め切りを設定する。

5. 前夜に効率良く終わらせている自分をビジュアライズして就寝。

6. 隙間時間の特定。起床から就寝までをすべて書き出す。

① 一日のタイムスケジュールで、体の中のどこを使っているかを考える。
② 主に手と目を使っているけれども耳が空いている時間があれば、報告を聞いたりオーディオ教材を聞いたり、「聞く時間」に充てる。
③ 移動時間をムダにしないために、移動中にやることを決めておく。

7. 「時間がない」から「時間がある」に意識を変える。

8. 判断基準を「損得」から「わくわくするかどうか」に変える。わくわくするとモチベーションが上がり、集中力が上がり、作業効率も上がるので、時間を最も有効に使える。

効率を意識せずして、時間は増やせません。常にDo more with lessを意識して最小の力で最大限に効果が出せるようにしましょう。

非効率を生む思い込みは外してしまおう

次に、時間の使い方で外すべき「思い込み」についてお伝えします。私の英語講座の受講生は仕事や家事・育児で忙しい親御さんたちが多いので、時間の使い方に関する思い込みを外すことがとても大切だからです。

私がお勧めしている外すべき思い込みとは、次のようなものです。

【時間をうまく使うために外すべき思い込み】

・一つひとつ集中してやらないといけない。↓マルチタスクは可能。

・机に向かわないと勉強できない。↓どこでも学べる。

・PCでしか作業ができない。↓スマホ一つあればどこでもできる。

・英語の勉強はテキストを開いて見て書く！

↓　聞くだけ。聞いてブツブツ繰り返すならどこでもできる。

・静かなところでないと集中できない。↓うるさくても大丈夫。

・書かないと覚えられない。↓1回聞いたら覚えられる。

・睡眠はちゃんととらないといけない。↓睡眠は質が大事。短時間でも熟睡すれば大丈夫。

・3食バランス良く食べなければいけない。

↓満たされればOK。常識より自分の感覚が大事。

・基礎から順を踏んでやらないといけない。

↓いきなりやってもできる。基礎から順にやって時間がかかり、やる気がなくなったら逆効果。

・常識が正しい。↓地球の常識は宇宙の非常識。常識が正しいとは限らない。

私は20歳の頃から、限られた時間の中で効率良く学ぶ「ながら勉強」の方法を考えて実践してきたのですが、仕事や家事をしながら学ぶポイントは「使う部位を分ける」ことです。

ずっと続けている方法は、音声教材を駆使して、「耳をお留守にしない」勉強法です。通勤途中や家で掃除・洗濯などの家事をするときなどはもちろん、夜寝るときも、常に英語を聞いていました。

今現在私がやっている方法を紹介しますと、移動中は自転車に乗りながらドイツ語の音声教材を聞いてブツブツ練習する、オンライン会議で自分が話さず報告を聞いているときは料理や食事をしながら、家の中を掃除しながら「ながらエクササイズ」、夜はお風呂で瞑想という感じです。

時間の使い方で大事なことは、「１日＝24時間しかない」ではなく、「１日＝60秒×60分×24時間＝８万６４００秒もある！」と思って、１秒１秒を大事にすることです。

私の「ながら勉強法」については、最初の本『ＴＯＥＩＣテスト２８０点だった私が半年で８００点、３年で同時通訳者になれた42のルール』のルール11で詳しく紹介していますので、興味のある方はご一読ください。

持続可能なモチベーション管理法は「自分を褒める」

ここまで、心のブレーキ外し、トラウマ解消、未来瞑想、時間管理法まで見てきました。次はいかにして成功を手にするための行動を継続するか、すなわちモチベーション管理についてお伝えしていきます。

やる気がなくて勝てるオリンピック選手はいません。どんなに才能があって、頭が良くて要領良く何でもできる人だったとしても、世界一の成功を手にするためには、やる気を継続させる＝モチベーション管理が不可欠です。

記憶力指導の第一人者、ジム・クイックは記憶力向上にとって、やる気＝モチベーションが最も大切だと言っています。彼は、原稿なしにスピーチをしなければならない政治家や、大量のセリフを覚えなければならない俳優などの記憶力向上の指導をしているのですが、記憶力について多くの人が勘違いしているのは、「記憶力とは生まれ持った才能」と思っていることだといいます。

ジム・クイック自身が子どもの頃は「Broken brain（脳みそが壊れている）」と言われていたそうです。それを克服した彼いわく、「記憶力はモチベーションのコントロールによっていくらでも伸ばせる」ということです。

一瞬一瞬の記憶力がモチベーションで左右されるとしたら、1、2年で大きな差になってくることは明らかですよね。

20歳の頃の私の場合は、「喜び＝同時通訳になって年収1000万円」、「痛み＝会社員になって退屈な人生を送る」というものでした。これを頭に叩き込んでいたから、勉強を続けてくることができたのです。

次に大事なのが、目標のために何か一つでも実行したら、「即自分を褒めること」です。

I am amazing! I am great!（やった！　私偉い！）

と、自分で自分を褒めましょう。

モチベーションが下がったときのリブート法

どんなに意志が強く、粘り強く続けるのが得意な人でも、どうしてもやる気が落ちてしまうことはあります。そんなとき、リブート（reboot＝再起動）の仕方を知っておくと安心です。

私の場合は、一人でやるのはやめて、他人の力を利用しています。それを「脱・三日坊主4Pの法則」として、英語講座の受講生にも勧めています。4つのPはPowerのPです。

1. 自分以外の人の力を使う。Use the power of others.
2. 環境（周りの人）の力を使う。Use the power of environment.
3. ルールをつくり、他人に伝え、ルールの力を使う。Use the power of Rule.
4. 集団の力を使う。Use the power of group.

「自分以外の人の力を使う」というのは、友だちでも家族でも職場の同僚でもいいのですが、その人に「私は○○をやります」と宣言することです。人間誰でも、他人に約束してしまうとやらざるをえない気持ちになります。どんなにすごい人でも、自分一人の力に頼るのは限界があります。一流のスポーツ選手には、信頼できるコーチの存在が欠かせません。

私は通訳仲間と毎週日曜日に勉強会をしていたのですが、私の場合、同じ目標に向かうbuddy（バディ）＝仲間の存在をとても大切にしていました。同時通訳の仕事は、数人で交代しながら行います。訳し漏れや聞き間違いがあったとき、同僚が素早くメモを書いて渡してくれたおかげで助けられたり、同僚が訳しているのを聞いて、自分の番がきたときの準備ができたりします。通訳の仕事は仲間があってできることだと痛感します。

　バディと互いに教え合うことを前提に学ぶと忘れなくなります。後でバディに教えるときどうやって伝えようかと考えながら学ぶと、頭の中も整理されて記憶に定着しやすくなるのです。

　次に「環境（周りの人）の力を使う」というのは、環境に流されやすい人間の性質を使います。流されやすい＝環境に適応するということです。人間は、長い歴史のなかで環境への適応力を高めることで生き延びてきました。だから、環境の力は自分の意志よりも強いと思ってください。

　一人でやっていてモチベーションが落ちていると感じたら、自分以上にがんばっている人の近くに行きましょう。知らない人でも構いません。勉強するなら受験生が一心不乱に勉強している図書館や、パソコンや資料を広げている人が多いカフェなどもいいでしょう。

　3つ目は、「ルールに従う」人間の性質を利用します。勉強するなら「この時間に、この場所で、◯曜日の△～□時まで」と決めます。ルールを決めたら、バディや他の人に宣言します。ルール化して人に宣言までしたのに、やっていないと何か気持ち悪くなるはずです。

ルールを決めて続けていけば習慣になります。世界トップレベルのスポーツ選手、世界的な音楽家、経営者、研究者などなど、世界一の成功者たちは習慣の積み重ねをうまく利用しています。

4つ目の「集団の力」ですが、これは「自分以外の人の力」「環境の力」「ルールの力」をすべてかけ合わせて最大化できるものです。同じ目標に向かって学ぶ場に身を置いたり、自分が目指すものをすでに手に入れている人の集まりに参加させてもらったりするのもいいと思います。

向上心や成長への欲求を持つ仲間をつくりましょう。そして、その仲間の前で自分ががんばった成果を披露する場をつくりましょう。日時まで決めてしまえば、そこを目指してやる気を加速させられるので効果的です。

自分の強みが最大になる場を選ぼう

30代までの私は、ずっと低い自己アイデンティティで生きてきました。

I didn't say that. Please translate it as I said.

私はそうは言っていませんよ。もっと正確に訳してください。

特許や技術の通訳の仕事では、日本人、外国人問わず、よくこんなことを言う専門家の方がいました。

とにかく細かいところまで正確さが要求され、少しでも違うと、クレームの対象になるのです。確かに、通訳という仕事には正確さが必要です。製品の安全性や耐久性に関することのなかには間違いが許されないこともあります。

でも、私は正確さだけではなく、話し手の気持ちを汲み取って、感情の部分まで伝わるように通訳するのを得意としています。そのため、こんなことを言われることもありました。

You don’t have to be so empathetic. You stand out too much.

そんなに感情移入しなくていいから。通訳のくせに目立ちすぎ。

でも、私が目指していたのは〝イタコ通訳〟でした。話し手が乗り移ったかのように伝えたかったのです。

「イタコ」とは、霊的な力で、死んだ人と生きている人の仲介をするシャーマン＝巫《み》女《こ》、一種の霊能力者です。昔の習俗かもしれませんが、そう言って片づけてしまうよりも、気持ちが通じ合い、深く理解し合えることが大切だと私は考えています。

言語には、その国や地域の歴史や文化が映し出されています。そのため、日本語にはあって英語にはない言葉、英語にはあって日本語にはない言葉がたくさんあります。異なる言語のあいだには、彼岸と此岸《しがん》を隔てる大河もあれば、開きにくい扉や、高い壁もあるのです。通訳は、その河を越え、扉を開け、高い壁を越える仕事だと思っています。

言葉の裏にある文化や感情までも正確に伝えようとすれば、それだけ下調べが必要です。話し手の脳の中、心の中までのぞき込むように、文献を読んだり、動画を見たりして徹底的に調べます。そのうえで、話し手が激しい口調で話せば、そのまんま激しく、悲しい口調で話せば涙にむせびながら話すのです。

ところが、会議通訳では目立たないように静かに淡々としているほうが好まれ、〝イタコ通訳〟は否定されていました。私の持ち味を押し殺していたら、ストレスで全身蕁《じん》麻《ま》疹《しん》になってしまったこともありました。

一方、セミナー通訳では、話し手の感情も含めて目いっぱい伝えることが求められます。ときに激しく、ときに静かに、話し手の意図を理解し、思いをこめて伝えるセミナー通訳では、〝イタコ通訳〟がぴったりだったのです。

夢が大きくても小さくても、必要なエネルギーは同じ

自分に合わない環境で、低い評価しか得られず、自己アイデンティティが低いままだと視野が狭くなります。そうすると、夢や願望も小さくおさまりがちです。

　反対に、自分に合った環境で、高い評価を得て、自己アイデンティティが高いと、視野は広くなります。世界一の人にも会えるようになり、自分も世界一を目指そうと思えるようになります。

　夢や願望は大きくても小さくても、実現するのに必要な精神的エネルギーはあまり変わりません。常識的には、大きな夢を実現するには大きな努力が必要で、小さな夢には小さな努力しか必要ないと考えられていますが、それは違います。

　低い自己アイデンティティだった20歳の頃の私の夢は、通訳になって年収１０００万円稼ぐことでした。そのために20代はひたすら努力。飲み会も合コンも行かずに、通訳学校にお金をつぎ込んでいました。その額は10年で１０００万円以上です。

　自己アイデンティティが高くなった私は、起業して英語を教えるようになってすぐに億を稼ぐことができました。パッと思いついたアイデアを人に話してみたら「それいいね！」と言われ、すんなり協力してもらうことができました。私が苦手な事務作業を手伝ってくれる人もすぐに見つかり、準備もスムースに進んだのです。

　私の経験からいって、大きな夢も小さな夢も実現のために必要な精神的エネルギーはほとんど変わりません。それどころか、起業家として英語教育に取り組むようになってからの大きな夢のほうが、必死で努力してきたという感覚はありません。むしろ、好きで得意なことを活かしているから毎日楽しくて仕方がありません。

「通訳者になってたくさんお金を稼ぎたい」と自分のことだけを考えていたときには、こんな幸せも充実感も味わえませんでした。私には今家族と呼べる人はいませんが、全国にいる「英語維新」アンバサダー(小熊メソッドの速ペラリスイン講師で、各県の推進リーダー)や、セミナー参加者の皆さんを家族のように感じています。

大きな夢も小さな夢も叶えるためのエネルギーは変わらないのです。違うのは、自己アイデンティティが高いか低いか、その一点なのです。

世界一の成功者がやっている、運気を上げる言葉の使い方

世界の一流の方々を100人以上通訳してきて感じるのは、世界一の成功者は、自分の「運気」をコントロールし、外部の力も味方につけています。

たとえば、アンソニー・ロビンズは会社で片腕として信頼していた役員に大金を横

領されてしまいましたが、裁判はせず、お金に困っていた役員を助けました。アンソニーは「私は運がいい。お金は失ったけれど、大事な友人（役員）は失わずに済んだ」と言っていました。また、アンソニーの友人で、交通事故で両足を失ったけれども「私は運がいいんです。事故に遭っても命が助かりました」と言って、命あることに感謝して生きている人もいます。

もし、彼らに悪いことが起きたときに、相手を責めたり罵《ののし》ったり、呪詛《じゅそ》の言葉を吐いていたら運気は悪くなる一方だったと思います。でも、彼らは他人が見たら運が悪いことにも、良い解釈を与えることで運気を上げているのです。

世界一の成功者たちはネガティブな言葉を使わず、ポジティブな言葉を使って自分の運気をコントロールしているのです。

ビジョンを実現する魔法の5ステップ

本書の最後に、ビジョンを描く5つのステップを紹介します。

【小熊式ビジョンを描く魔法の5ステップ】

1．人生の終わりまでにやりたいことをすべて書き出す。
2．人生で経験したいことを決める。
3．自分に許可を出す。
4．シナリオに落とし込む。
5．毎朝・毎晩、未来瞑想でビジュアライズ。

まず、「ステップ1　人生の終わりまでにやりたいことをすべて書き出す」です。

〈小熊の場合〉

①　やりたいことをすべて書き出します。

自分らしく生ききる／善のためにエネルギーを使いきる／自分を自分で満たす／運命の人と無条件の愛を与え合う／成長し続ける／日本人をバイリンガルにする／日本のすばらしさを世界に伝える／世界をインスパイアするベストセラー作家・講演家になる

②　どんな人として人生を卒業したいかを決める。

レジェンド（キュリー夫人や野口英世）／無条件の本物の愛を与える・受け取れる人／他人と自分を信じぬく人／グローバルなスピリチュアルリーダー

次に、「ステップ2　人生で経験したいことを決める」に進みます。

〈小熊の場合〉

心のブレーキ外し、トラウマ解消を広め、多くの人の心を解放する／自分と他人の最良を引き出す／自分と他人の希望と癒しとなり、魂の成長を促す／体を思い通りに動かす（ボクシング、ダンス、ヨガ）／自分の理想を楽しく生きる／世界行脚し講演する／毎日呼吸するたびに若返る

「ステップ3　自分に許可を出す」では、注意が必要です。実は、ステップ3でつまずいて先に進めない人が多いのです。

自分がこうしたいと思うことに許可が出せないと、次のようなことが起きます。

「本当に求めるビジョンよりも小さくしか描けない」

「わからないと言い続けて逃げる」

「本当はわかっているのに、見えないように無意識が妨害する」

「やっぱり違うかもと言って白紙に戻す」

大事なのは、自分を信じて、許可を出すことです。ちらっとでも思い描けたとしたら、それは、実現していいものなのです。

自分で自分に許可しましょう。

「I deserve everything that I want.＝私は欲しいものすべてを手に入れるに値する」


ステップ4で思い描いたことを「シナリオに落とし込み」ます。

・静かで心から安心できる環境で目を閉じ、自分の最後の日を想像します。
・今世の卒業日に自分の人生を振り返る。
・大切な人は私を○○と言ってくれた。
・なぜならば私は：○○をした／○○をした／○○をした
・どうしてそれができたかというと○○が、○○につながり、そして、○○になったからです。

・私の人生は最高でした。ありがとうございます。

参考として、〈小熊の場合〉を紹介します。

・みんながお金に困らないWin-winな仕組みと哲学を考え出した。

・その仕組みのおかげで日本女性は自分自身の本当の美しさを取り戻し、それぞれの天命に生きた。

・その画期的な仕組みと哲学は世の中に普及した。

・私の書く本はわかりやすく、成功哲学を手にしてこなかった人や、まだ資本主義的世界の中にいる人々の心にも響いた。

・自分らしく生きることに専念する社会は無理がなく、持続可能な成長をしていった。

・社会貢献をたたえられ、愛と富に満ちた生活をして暮らした。

・私は他界してもみんなの勇気になった。

・神さま、すばらしい人生をありがとう。

最後のステップ5「毎朝・毎晩、未来瞑想でビジュアライズ」では、ステップ4で描いたシナリオが実現する様子を思い描きましょう。

夜寝る前と、起きてすぐの脳の状態が一番瞑想に適しています。ただ、朝は子どものお弁当作りで5時起きとか、夜は夜で深夜まで仕事や家事で忙しいという方もいると思いますから、5分、10分、静かなところで落ち着いて瞑想できるならいつでもいいと思います。

本書で紹介してきた世界一の成功者たちから学んだコツやノウハウを活かし、皆さんも私と一緒に自分らしい世界一を目指してみませんか。

編集協力　木本真澄
本文デザイン　山之口正和（OKIKATA）
本文イラスト　村上テツヤ

小熊弥生（おぐま・やよい）

純国産同時通訳者、TEDx 登壇者＆通訳リーダー、英語セミナー講師、株式会社ブリッジインターナショナル創業・代表、「英語維新」発起人。1971 年生まれ。1991 年実践女子短期大学国文科卒業、2004 年早稲田大学社会科学部卒業。短大卒業後に通訳者を目指すも、TOEIC280 点と平均以下。独自の勉強法を駆使し、半年後に TOEIC805 点を取得。大手英会話学校主任講師として抜擢され、1 年で生徒数を倍増させる。その後、TOEIC960 点、英検 1 級を取得、短大卒業から 3 年半で通訳者デビューを果たす。各国首脳や世界の VIP、ノーベル賞受賞者、講演家らの同時通訳を務める。同時通訳の傍ら教育事業も手がける。売上の一部を資金に、全国の小中高大学校でグローバルな舞台で伝わる英語を指導し、かつ全国で約 80 名の小熊式「リスイン」認定講師を輩出。効果的に英語力が身に付けられるメソッドを全国に広めるために講演会「英語維新」活動も展開中。『TOEIC テスト 280 点だった私が半年で 800 点、3 年で同時通訳者になれた 42 のルール』（幻冬舎）、『英語が面白くてとまらなくなる感動のマスターマップ勉強法』（中経出版）、『世界で成功する 英語即聴力』（秀和システム）など著書多数。

世界一《せかいいち》100人《にん》を同時通訳《どうじつうやく》してわかった「最速《さいそく》」で結果《けつか》を出《だ》す人《ひと》の成功哲学《せいこうてつがく》

2020年11月30日　初版 1 刷発行

著者　小熊《おぐま》弥生《やよい》
発行者　田邉浩司
発行所　株式会社 光文社
〒112-8011　東京都文京区音羽1-16-6
電話　編集部 03-5395-8172　書籍販売部 03-5395-8116　業務部 03-5395-8125
メール　non@kobunsha.com
落丁本・乱丁本は業務部へご連絡くだされば、お取り替えいたします。
組版　堀内印刷
印刷所　堀内印刷
製本所　国宝社

ISBN 978-4-334-95207-5　Printed in Japan